생선과 해산물을 굽는 맛있는 요리법

100 가지 놀라운 콜드 바비큐 & 구운 해산물 요리법으로 즐기세요

진희 배

판권 소유.

부인 성명

이 **eBook** 에 포함된 정보는 이 **eBook** 의 저자가 조사한 포괄적인 전략 모음으로 사용하기 위한 것입니다. 요약, 전략, 팁 및 요령은 저자만 권장하며 이 **eBook** 을 읽는다고 해서 저자의 결과가 정확히 반영된다는 보장은 없습니다. **eBook** 의 저자는 **eBook** 독자에게 최신의 정확한 정보를 제공하기 위해 모든 합당한 노력을 기울였습니다. 저자와 그 동료는 발견될 수 있는 의도하지 않은 오류나 누락에 대해 책임을 지지 않습니다. **eBook** 의 자료에는 제 3 자의 정보가 포함될 수 있습니다. 제 3 자 자료는 해당 소유자가 표현한 의견으로 구성됩니다. 따라서 **eBook** 의 저자는 제 3 자의 자료나 의견에 대해 책임을 지지 않습니다.

eBook 은 저작권 © 2023 이며 모든 권리를 보유합니다. 이 **eBook** 의 전체 또는 일부를 재배포, 복사 또는 파생 작업으로 만드는 것은 불법입니다. 이 보고서의 어떤 부분도 저자의 명시적인 서면 승인 및 서명 없이는 어떤 형태로든 재생산 또는 재전송할 수 없습니다.

목차

소개

우리는 알고 있습니다. 만약 여러분이 요리를 할 거라면 구운 버거와 핫도그, 아마도 **BBQ** 갈비나 구운 야채를 기대하고 있을 것입니다. 그러나 이것을 상상해보십시오. 그 고전과 함께 굽는 화려하고 감귤류의 섬세한 생선 또는 조개류. 새우와 가리비에서 연어와 대구에 이르기까지 랍스터에서 황새치에 이르기까지 말 그대로 해산물 구이에 관한 모든 것이 가능합니다.

구운 해산물이 최고의 맛을 내는 데 도움이 되는 몇 가지 엄격하고 빠른 규칙이 있습니다. 생선 구이에서 가장 어려운 부분은 벗겨진 껍질이 그릴에 달라붙지 않도록 하는 것입니다. 몇 가지 탑: 먼저, 생선을 넣기 전에 식물성 기름에 적신 헝겊이나 종이 타월로 그릴 창살에 기름을 완전히 바릅니다(발연점이 높은 기름 사용, 자세한 내용은 식용유 가이드 참조). 다음으로 고열(400°-450°)에서 요리하고 있는지 확인하고 생선이 그릴에 올려지면 껍질이 바삭해질 때까지 만지지 마십시오.

구운 흰살 생선

1. 龍龗竊民균뙈

수율: 1 인분

재료

- 팔레 도미 4 개
- 브라싱용 올리브 오일
- 샬롯 10 개, 껍질을 벗긴, 분할
- 4 당근, 미세하게 분할
- 1 전체 회향, 핵심, 절반
- 사프란 2 꼬집
- 달콤한 화이트 와인
- 생선 육수 1 파인트
- 더블 크림 1 파인트
- 오렌지 주스
- 1 묶음 고수, 잘게 썬

지도

a) 당근, 샬롯, 회향, 사프란을 올리브 우얼에 착색하지 않고 **3-4** 분 동안 익힙니다. 와인으로 야채를 3/4 로 덮고 완전히 줄입니다.

b) 생선 육수를 추가하고 **1/3** 로 줄입니다. 줄이는 동안 당근을 확인하고 방금 익힌 경우 야채에서 술을 걸러내고 술을 팬에 다시 넣어 더 줄입니다. 야채를 따로 보관하십시오.

c) 환원액에 크림을 넣고 약간 걸쭉해질 때까지 졸인다. 도미 팔레에 올리브 오일을 바르고 철판의 껍질을 아래로 향하게 합니다.

d) 줄인 국물에 오렌지 주스를 넣고 야채를 팬에 다시 넣습니다. 간을 하고 생선과 함께 제공합니다.

2. BBQ 세세송어

수율: 1 인분

재료

- $\frac{1}{4}$ 컵 옐로우 머스타드
- 칠리 소스 $\frac{1}{4}$ 컵
- 흑설탕 2 큰술
- 소금 1 티스푼
- 다진 양파 1 개
- 우스터셔 소스 1 티스푼
- 4 손질한 숭어

지도

a) 겨자, 칠리 소스, 흑설탕, 소금, 양파, 우스터셔를 작은 냄비에 넣고 섞습니다. 10 분간 끓인다.

b) 기름칠이 잘 된 힌지 와이어 그릴에 생선을 놓습니다. 소스를 바르십시오.

c) 때때로 시침질하면서 각 면을 8 분씩 굽습니다.

3. 송어

수율: 4 인분

재료
- 송어 4 마리(10 온스)
- 마요네즈 ½ 컵
- 큰 토마토 1 개, 분할
- 4 레몬, 분할
- 2 양파, 분할

지도

a) 그릴에 불을 붙이고 석탄을 태우십시오. 송어를 깨끗이 씻고 머리는 그대로 둡니다. 송어 안쪽에 마요네즈를 바르십시오. 조각낸 토마토를 송어 안에 넣습니다.

b) 생선 구이를 열고 반으로 자른 양파와 레몬, 송어, 나머지 양파와 레몬을 놓습니다. 생선 그릴을 닫습니다.

c) 로티세리에 15 분 동안 두거나 한쪽 면을 6~7 분 동안 익힌 다음 뒤집어서 5~6 분 동안 굽습니다.

d) 딜 소스 또는 다른 좋아하는 소스와 함께 제공하십시오. 생선 그릴이 없으면 레몬과 양파를 숯불 그릴에 직접 올려놓을 수 있습니다.

4. 바삭하게 구운 메기

수율: 1 인분

재료

- 4 전체 메기
- $\frac{1}{2}$ 컵 버터; 녹은 것
- 잘게 부순 크래커 부스러기 $\frac{3}{4}$ 컵
- 양념소금 1 티스푼
- 셀러리 소금 $\frac{1}{2}$ 작은술
- 마늘 소금 $\frac{1}{2}$ 작은술

지도

a) 얕은 접시에 크래커 부스러기와 양념을 섞습니다.

b) 각 생선을 녹인 버터에 담그고 양념한 부스러기를 굴립니다.

c) 뜨거운 석탄 위 4 인치 위에 기름을 바른 선반에 생선을 놓습니다. 한 면당 8~10 분씩 부드럽게 한 번 뒤집어가며 익힙니다.

5. 훈제 잔 송어

재료:

- 송어 2 마리
- 신선한 생선 소금물 3 컵

지도:

a) 송어를 밀봉 가능한 플라스틱 용기에 넣고 용기에 붓습니다. 신선한 생선 소금물
b) 필렛을 달라붙지 않는 그릴 트레이에 옮기고 훈연기에 1 분 동안 두세요
c) 참치의 내부 온도가 145°F 가 될 때까지 계속 훈제합니다.
d) 훈연기에서 꺼내어 5 분간 휴지시킵니다.
e) 봉사하고 즐기십시오

6. 퍼 캠프 숭어

재료:

- 손질한 작은 송어 4 마리
- 베이컨 4 줄
- 신선한 타임 4 줄기
- 레몬 1 개
- 소금과 후추 맛

지도:

a) 오일 그레이트 및 예열 펠렛 그릴. 베이컨을 튀기면 익기 시작하지만 여전히 부드럽습니다. 송어를 헹구고 종이 타월로 두드려 말립니다.

b) 각 생선 안에 백리향 가지를 넣습니다. 각 송어를 베이컨 조각으로 감싸고 이쑤시개로 고정합니다.

c) 펠릿 그릴이나 기름칠 그릴 바구니에 송어를 놓고 송어의 크기에 따라 한 면당 5-7 분씩 굽습니다. 송어는 고기가 중앙에서 불투명해지고 쉽게 벗겨지면 다 익은 것입니다.

d) 각 생선 위에 약간의 신선한 레몬 주스를 짜서 제공하십시오.

재료:

- 마히마히 필레 4 개
- 나신 신선한 딜 $\frac{1}{4}$ 컵
- 갓 짜낸 레몬즙 2 큰술
- 으깬 검은 통후추 1 큰술
- 다진마늘 2 작은술
- 양파 가루 1 티스푼
- 소금 1 티스푼
- 올리브 오일 2 큰술

지도:

a) 필레를 필요에 따라 다듬어 눈에 보이는 붉은 핏줄을 잘라냅니다. 그것은 당신을 해치지 않을 것이지만 더 강한 풍미가 나머지 필레에 빠르게 스며들 수 있습니다.

b) 작은 그릇에 딜, 레몬즙, 통후추, 마늘, 양파 가루, 소금을 섞어 양념을 만듭니다.

c) 생선에 올리브 오일을 바르고 양념을 골고루 바릅니다. 그릴 창살이나 들러붙지 않는 그릴 매트 또는 천공된 피자 스크린에 기름을 바릅니다.

d) 필레를 훈제 선반에 놓고 1 시간에서 1 시간 30 분 동안 훈제합니다.

8. 소를곁들인 농어구이

수율: 4 인분

재료

- 작은 통 농어 4 마리
- 올리브유 4 큰술, 각기 다른
- 본질
- 다진 양파 ½ 컵
- 껍질을 벗긴 1 컵; 씨를 제거하고 다진 로마 토마토
- 씨를 제거한 블랙 올리브 ⅓ 컵
- 신선한 잠두 1 컵; 데친 것, 껍질을 벗긴 것
- 다진 마늘 1 스푼
- 다진 멸치 필레 2 작은술
- 잘게 썬 신선한 파슬리 1 큰술
- 다진 신선한 바질 1 큰술
- 다진 신선한 타임 1 큰술
- 다진 신선한 오레가노 1 큰술
- 화이트 와인 ½ 컵
- 1 스틱 버터; 큰 스푼으로 자른다
- 1 소금, 맛을보기 위해
- 갓 간 후추 1 개; 맛을보기 위해
- 잘게 썬 파슬리 2 큰술

a) 그릴을 예열하십시오. 날카로운 칼을 사용하여 각 물고기를 비스듬히 세 번 베십시오. 각 생선에 올리브 오일 2 큰술을 문지르고 Emeril's Essence 로 간을 맞춥니다. 뜨거운 그릴에 생선을 놓고 각 생선의 무게에 따라 양쪽에서 4~5 분 동안 굽습니다. 소테 팬에 남은 올리브 오일을 가열합니다. 기름이 뜨거워지면 양파를 1 분간 볶습니다. 토마토, 블랙 올리브, 잠두를 넣습니다. 소금과 후추로 간을 맞춘다. 2 분간 볶습니다.

b) 마늘, 멸치, 신선한 허브, 화이트 와인을 저어줍니다. 액체를 끓일 때까지 가져오고 끓입니다. 2 분간 끓입니다.

c) 버터를 한 번에 한 스푼씩 접습니다.

9. 옥수깥에 군넝어

재료:

- 신선한 옥수수 2 개
- 4 조각으로 자른 작은입 농어 2 파운드
- 덩어리로 자른 무염 버터 4 큰술
- 레몬 1 개의 즙(약 3 큰술)
- 소금과 갓 간 후추
- 레몬 웨지

a) 그릴을 예열하십시오.

b) 옥수수 껍질을 조심스럽게 벗겨내고 따로 보관합니다. 각 cob 에서 모든 실크를 뽑습니다.

c) 옥수수 속을 똑바로 잡고 날카로운 칼로 아래쪽으로 자르고 줄줄이 옥수수를 자릅니다. 속을 버리고 잘린 옥수수를 따로 보관하십시오.

d) 필렛당 2~3 개의 껍질을 펴고 평평하게 누릅니다. 앞에 옥수수 층을 뿌리고 껍질에 직각으로 필렛을 각 "패킷" 위에 하나씩 놓습니다.

e) 남은 옥수수로 필레를 덮으십시오. 버터 덩어리로 옥수수를 점 찍으십시오.

f) 각 필레에 레몬즙을 뿌리고 소금과 후추로 간을 합니다.

g) 봉투 모양을 만들기 위해 모든 면의 패킷 상단에 껍질을 접고 이쑤시개로 고정합니다.

h) 약 6 분 동안 그릴에 눕히십시오. 주걱으로 조심스럽게 뒤집고 6 분 더 요리하거나 껍질이 약간 까맣게 될 때까지 요리합니다.

i) 레몬 웨지와 함께 즉시 서빙하십시오.

10.   생선꼬치구이

수율: 4 인분

재료

- 단단한 흰살 생선 1 파운드
- 소금 1 티스푼
- 마늘 6 쪽
- 신선한 뿌리 생강 1½ 인치
- 가람 마살라 1 큰술
- 고수 가루 1 큰술
- 카이엔 고추 1 티스푼
- 플레인 요거트 4 온스
- 식물성 기름 1 큰술
- 1 레몬
- 2 핫 그린 칠리 페퍼

지도

a) 그런 다음 필레와 껍질을 벗긴 생선을 11/2 인치 입방체로 자릅니다. 각 꼬챙이에 5 개 정도를 끼우고 소금을 뿌립니다.

b) 마늘, 생강, 향신료, 요거트로 반죽을 만들어 생선을 덮습니다. 몇 시간 동안 그대로 둔 다음 굽습니다.

c) 필요한 경우 꼬치에 약간의 기름을 뿌릴 수 있습니다. 쐐기로 자른 레몬과 씨를 뿌린 녹색 칠리 페퍼로 장식합니다.

11.   호주산 생선구이

수율: 4 인분

재료

- 4 생선 스테이크
- $\frac{1}{4}$ 컵 라임 주스
- 식물성 기름 2 큰술
- 디종 머스타드 1 티스푼
- 간 신선한 생강 뿌리 2 작은술
- 카이엔 고추 $\frac{1}{4}$ 작은술
- 후추

지도

a) 접시에 라임 주스, 오일 1 큰술, 생강, 카이엔 고추, 갓 간 후추를 입맛에 맞게 충분히 섞습니다.

b) 45-60 분 동안 소금물에 생선을 담그십시오. 스테이크를 2-3 번 뒤집습니다.

c) 흰 석탄으로 그릴을 준비하고 남은 기름 1 큰술로 요리용 그릴을 닦습니다.

d) 생선을 굽고 소금물을 여러 번 바르면서 가운데가 완전히 익고 불투명해질 때까지 굽습니다. 약 4-5 분 후에 생선을 뒤집습니다.

e) 총 굽는 시간은 그릴과 석탄의 열에 따라 달라집니다.

12. 대추레몬즙을인생선구이

수율: 4 인분

재료

- 4 생선 필레 또는 스테이크; 7 온스
- 레몬 허브 디종 글레이즈 $\frac{1}{4}$ 컵
- 드라이 화이트 와인 $\frac{1}{2}$ 컵
- 신선한 허브; 장식용

지도

a) 500 도까지 가열하십시오.

b) 팬이 매우 뜨거워질 때까지 센 불로 가열합니다.

c) 가열하는 동안 생선의 모든 표면, 특히 살 전체에 유약을 바르십시오.

d) 굽기: 생선을 그릴에 놓고 요리합니다. 한 번만 돌립니다(1 인치당 5 분). 그릴에서 또는 그릴에서 생선을 꺼내고 즉시 데워진 포션 접시나 데워진 개별 접시로 옮깁니다. 팬에 와인을 추가하고 소스가 반으로 줄어들 때까지 계속 저으면서 중불에서 요리합니다. 굽기 위해 작은 팬에 와인과 디종 글레이즈 1 큰술을 요리합니다. 생선 위에 붓고 신선한 허브로 장식한 후 바로 서빙합니다.

13. 붉는 고를 걸인 생선 타코

재료:

- 1(16 온스) 상자에 준비된 달콤한 코울슬로
- 다진 작은 붉은 양파 1 개
- 다진 포블라노 고추 1 개
- 다진 할라피뇨 고추 1 개
- 다진 세라노 고추 1 개
- 다진 신선한 실란트로 $\frac{1}{4}$ 컵
- 다진마늘 1 스푼
- 소금 2 작은술, 나누어
- 갓 갈은 검은 후추 2 티스푼
- 반으로 자른 라임 1 개
- 1 파운드의 껍질 없는 대구, 넙치 또는 흰살생선(팁 참조)
- 올리브 오일 1 테이블스푼, 화격자 기름칠용 추가
- 밀가루 또는 옥수수 토르티야
- 얇게 썬 아보카도 1 개

지도:

a) 라임 절반은 즙을 내고 나머지 절반은 웨지 모양으로 자릅니다. 라임 주스와 올리브 오일로 생선 전체를 문지릅니다.

b) 생선에 간을 하고 생선을 훈제 선반에 놓고 1~1 시간 30 분 동안 훈제합니다.

14. 구운 나비 송어

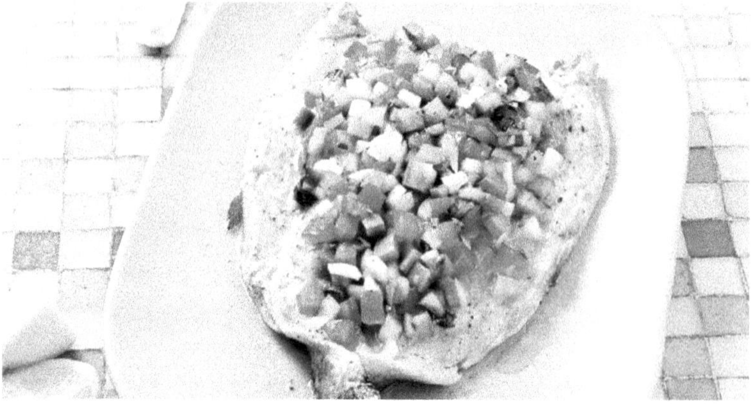

재료:

- 땅콩 기름 3 큰술
- 얇게 썬 표고버섯 1 컵
- 잘게 다진 마늘 6-8 쪽
- 씨를 빼고 내장을 제거한 세라노 고추 1-2 개
- 잘게 썬 흰 양배추 1 컵
- 껍질을 벗기고 채 썬 작은 당근 1 개
- 생선 또는 치킨 스톡 $\frac{1}{2}$ 컵
- 저염 간장 $\frac{1}{4}$ 컵
- 레몬 1 개의 즙(약 3 큰술)
- 나비 송어 1 마리(2 파운드)
- 신선한 오레가노 1 티스푼
- 소금 1 티스푼
- 갓 간 후추 1 티스푼
- 흰쌀밥

a) 큰 프라이팬에 기름 2 큰술을 두르거나 중불에서 가열합니다. 버섯, 마늘, 고추를 3~4 분 동안 볶습니다. 양배추와 당근을 넣고 야채가 완전히 익을 때까지 4~5 분 더 볶습니다.

b) 육수를 붓고 1/3 로 줄여 약 5 분. 간장을 넣고 저은 후 불을 약하게 줄여 보온합니다.

c) 남은 기름 1 큰술과 레몬즙을 버터플라이 생선 위에 뿌린 다음 오레가노와 소금, 후추로 간을 합니다.

d) 철망 바구니 안에 양념한 생선을 고정합니다. 그릴에 바구니를 놓고 4~5 분 동안 요리합니다. 5 분 이상 또는 고기가 불투명해질 때까지 두집고 요리합니다.

e) 바구니에서 물고기를 제거하십시오. 2 인분으로 나누고 그 위에 워밍 소스를 숟가락으로 얹습니다. 흰쌀밥과 함께 바로 드세요.

15.

재료:

- 2 파운드 파치 팔레(크기에 따라 4~8 팔레)
- 오렌지 $\frac{1}{2}$개의 주스(약 4 큰술)
- 순수 메이플 시럽 1 큰술
- 바다 소금 $\frac{1}{2}$ 작은술
- 장식용 다진 파
- 블러드 오렌지 샐러드
- 익힌 bulgur 또는 진주 보리

a) 팔레, 오렌지 주스, 메이플 시럽, 소금을 용기에 담습니다. 뚜껑을 덮고 30 분 동안 냉장 보관합니다.

b) 그릴을 예열하십시오.

c) 용기에서 팔레를 꺼내 두드려 말리고 기름칠 그릴에 놓습니다. 3~4 분간 조리합니다. 4 분 더 돌리거나 팔레가 만졌을 때 단단해질 때까지 굽습니다.

d) 파로 장식합니다. 블러드 오렌지 샐러드와 불가와 함께 즉시 서빙하세요.

16. 포를걀밀웧미구이

재료:

- 월아이 필레 1½~2 파운드
- 얇히고 설킨 갈기 2½ 컵
- 냉동 청포도 주스 ½ 컵
- 오렌지 맛 리큐어 ½ 컵
- 무염 버터 4 큰술
- 반으로 자른 글로브 포도 1 컵
- 갓 간 후추 2 큰술
- 오렌지 1 개의 제스트

a) 필레의 그릴과 껍질 쪽을 기름으로 닦으십시오. 4~5 분 동안 필레를 요리합니다. 3~4 분 더 돌리거나 살이 단단해질 때까지 굽습니다. 보온 선반으로 옮겨 따뜻하게 보관하세요.

b) 한편, 소스를 만들기 위해 버섯이 부드러워질 때까지 반응하지 않는 냄비에 버터에 버섯을 볶습니다. 포도 주스와 리큐어를 추가합니다. 불을 중불로 올리고 5~6 분 동안 또는 액체가 약 1/3 로 줄어들 때까지 요리합니다.

c) 포도와 후추, 제스트 ½ 을 넣고 1~2 분 동안 볶습니다.

d) 월아이를 네 조각으로 나눕니다. 4 개의 접시에 소스를 담고 필레를 얹습니다.

e) 나머지 오렌지 껍질로 장식하고 즉시 서빙합니다.

17. 회신구이조

재료:

- 레몬 1 개의 제스트와 레몬 $\frac{1}{2}$ 개의 즙
- 저염 간장 $\frac{1}{4}$ 컵
- 간 검은 후추 열매 2 큰술
- 코호 팔레 2 파운드
- 해선장 소스 $\frac{1}{2}$ 컵
- 장식용 다진 쪽파
- 장식용 다진 홍고추

a) 작은 그릇에 레몬 제스트와 주스, 간장, 통후추를 함께 휘젓습니다.

b) 마리네이드를 팔레 위에 붓고 30 분 동안 냉장 보관합니다.

c) 그릴을 예열하십시오.

d) 마리 네이드에서 팔레를 제거하고 물기를 빼고 두드려 말립니다. 시침 붓으로 호이신 소스의 절반을 코호 양쪽에 붓습니다.

e) 팔레를 열 위에 직접 놓고 4 분 동안 요리합니다. 남은 소스를 바르고 뒤집습니다. 4 분 더 또는 만졌을 때 약간 부드러워질 때까지 요리합니다. 레어의 경우 생선을 더 짧게, 웰던의 경우 더 오래 굽습니다.

f) 생선을 4 접시로 나누어 쪽파와 고추로 장식한 후 바로 서빙합니다.

18. 코넛 밀에 구운 광어

재료:

- 넙치 스테이크 4 개, 두께 1 인치, 무게 약 2 파운드
- 식물성 기름 1 큰술
- 잘게 다진 마늘 4~6 쪽
- 잘게 썬 신선한 생강 ¼ 컵
- 잘게 썬 할라피뇨 고추 ¼ 컵
- 다진 멸치 필레 1-2 개
- 치킨 스톡 ¾ 컵
- 무가당 코코넛 밀크 ½ 컵
- 토마토소스 1/3 컵
- 진한 간장 ¼ 컵
- 갓 간 후추
- 깍뚝썰기한 토마토 ½ 개
- 순수 메이플 시럽 1 큰술
- 쌀국수 2 컵
- 참기름 1 큰술
- 큰 파 6~8 개
- 레몬 웨지

a) 원하는 실제 시간의 약 3/4 동안 한 면당 3~4 분 동안 기름을 바른 화격자에서 가자미를 굽습니다.

b) 큰 냄비나 웍에 기름을 두르고 마늘, 생강, 할라피뇨 고추, 멸치를 중불에서 3~4 분 동안 볶습니다.

c) 육수, 코코넛 밀크, 토마토 소스, 간장, 후추를 넣어 맛을 냅니다. 중불에서 7~8 분 또는 반으로 줄어들 때까지 끓입니다. 다진 토마토를 넣고 3~4 분 더 끓입니다.

d) 참기름에 국수를 따뜻해질 때까지 볶습니다. 팬에 있는 소스의 1/3 정도를 넣고 함께 섞습니다.

e) 남은 소스와 함께 팬에 따뜻하게 구운 넙치 스테이크를 놓고 소스를 스테이크 위에 숟가락으로 떠서 코팅합니다.

f) 넙치 위에 파를 뿌리고 국수와 레몬 워지와 함께 제공합니다.

19.   카레구이 폼파노

재료:

- 올리브 오일 1 큰술
- 잘게 썬 중간 크기 양파 1 개(약 1 컵)
- 잘게 다진 마늘 4~5 쪽
- 잘게 썬 양강근(또는 생강) 1 큰술
- 가벼운 코코넛 밀크 ½ 컵
- 멍든 레몬그라스 스틱 2 개(또는 레몬 제스트의 넓은 스트립 2 개)
- 칠리 파우더 1 티스푼(또는 취향에 따라 핫 소스)
- 카레 가루 1 티스푼
- 강황 가루 1 티스푼
- 계피 가루 ½ 작은술
- 약 1 인치 두께의 폼파노 필레 1½ 파운드
- 레몬 ½ 개 즙(약 1½ 큰술)
- 레몬 웨지

a) 큰 프라이팬에 기름을 두르고 중불에서 가열합니다. 양파, 마늘, 양강근을 3~4 분 동안 볶습니다.

b) 코코넛 밀크, 레몬그라스, 칠리 파우더, 카레 파우더, 강황, 계피를 넣습니다. 약 5 분 동안 또는 액체가 1/3 로 줄어들 때까지 요리합니다. 열을 낮추십시오.

c) 그릴을 예열하십시오.

d) 기름을 두른 그릴에 필레를 놓고 그 위에 레몬즙을 뿌린 다음 4~5 분 동안 요리합니다. 4~5 분 더 돌리거나 생선이 만졌을 때 단단해질 때까지 굽습니다.

e) 그릴에서 필레를 꺼내고 그 위에 따뜻한 소스를 숟가락으로 떠서 4 등분한 다음 즉시 레몬 웨지와 함께 제공합니다.

20. 모렐을 곁들인 구운 청어

재료:

- 무염 버터 2 큰술
- 올리브 오일 1 티스푼
- 깨끗이 씻어 얇게 썬 곰보버섯 2 컵
- 바다 소금 $\frac{1}{2}$ 작은술
- 갓 간 후추 1 큰술
- 브랜디 1 큰술
- 뼈없는 청어 살코기 1 개, 약 1 파운드

a) 중간 크기의 냄비에 버터를 넣고 중불에서 녹입니다. 기름을 넣고 곰보버섯, 소금, 후추를 덮고 8~10 분(큰 경우 12~15 분) 볶습니다.

b) 뚜껑을 열고 사용하는 경우 브랜디를 추가하고 약 1/3, 2~3 분으로 줄입니다. 불을 끄고 약한 불로 따뜻하게 유지하십시오.

c) 기름칠 그릴에 팔레를 놓습니다. 4-5 분 동안 요리하십시오. 4~5 분 더 돌리거나 생선이 불투명해질 때까지 굽습니다. 반으로 나누어 두 개의 따뜻한 접시에 옮깁니다. 곰보를 옆에 숟가락.

21.   훼대와묘토채니

재료:

- 3 x 175g 훈제 대구 필레
- 작은 기성품 tartlet 컵 30 개

레어비트

- 스트롱 체다 치즈 325g
- 우유 75ml
- 계란 노른자 1 개
- 달걀 1 개
- 겨자 가루 1/2 큰술
- 밀가루 30g
- 우스터 소스 1/2 작은술, 타바스코 소스
- 신선한 흰 빵가루 25g
- 양념

토마토 처트니

- 생강 뿌리 15g
- 붉은 고추 4 개
- 빨간 토마토 2kg
- 껍질을 벗기고 다진 사과 500g
- 술타나 200g
- 두툼하게 다진 샬롯 400g
- 소금
- 흑설탕 450g
- 맥아식초 570ml

조리

a) 대구에 간을 잘 맞추고 약간의 올리브 오일과 함께 오븐에 넣고 약 **5~6** 분 동안 조리합니다.

b) 치즈를 갈고 우유와 함께 팬에 넣고 녹을 때까지 팬에서 부드럽게 데우고 열에서 꺼내 식힙니다.

c) 계란 전체와 노른자, 겨자, 빵가루, 우스터와 타바스코 약간을 넣고 간을 한 다음 식힙니다.

d) 뼈를 제거하고 처트니를 타르트 바닥에 놓고 그 위에 생선 조각을 올려 놓습니다. 그릴을 센 불로 예열하고 대구를 레어비트로 얹은 다음 위에 노릇노릇해질 때까지 그릴 아래에 놓습니다.

e) 그릴에서 대구를 꺼내 즉시 서빙하십시오.

22.   맛있는훈제광어

6 인분

재료:

- 넙치 스테이크 4 개(6 온스/170g)
- 엑스트라 버진 올리브 오일 1 컵
- 코셔 소금 2 티스푼
- 갓 간 후추 1 티스푼
- 마요네즈 ½ 컵
- 달콤한 피클 렐리시 ½ 컵
- 잘게 썬 달콤한 양파 1 컵
- 다진 볶은 고추 1 컵
- 잘게 썬 토마토 1 컵
- 잘게 썬 오이 1 컵
- 디종 머스타드 2 큰술
- 다진마늘 1 티스푼

a) 치 스테이크에 올리브 오일을 바르고 양쪽에 소금과 후추로 간을 합니다. 접시에 옮기고 비닐 랩으로 덮고 4 시간 동안 냉장 보관합니다.

b) 훈연기에 목재 펠릿을 공급하고 제조업체의 특정 시동 절차를 따르십시오. 뚜껑을 닫은 상태에서 200°F(93°C)로 예열합니다.

c) 냉장고에서 가자미를 꺼내 마요네즈로 문지릅니다.

d) 생선을 그릴 그릴에 직접 놓고 뚜껑을 닫은 다음 2 시간 동안 또는 불투명해질 때까지 그리고 생선에 삽입한 즉석 온도계가 140°F(60°C)를 가리킬 때까지 훈제합니다.

e) 생선이 훈연되는 동안 피클 렐리시, 양파, 구운 고추, 토마토, 오이, 디종 머스타드, 마늘을 중간 크기의 그릇에 담습니다. 서빙할 준비가 될 때까지 겨자 양념을 냉장 보관합니다.

f) 겨자 소스를 곁들인 뜨거운 넙치 스테이크를 서빙하세요.

23.   타임허브홰제넣어

4 인분

재료:

양념장

- 블랙네이티드 서스캐처원 1 티스푼
- 신선한 타임 1 큰술
- 신선한 오레가노 1 큰술
- 다진 마늘 8 쪽
- 레몬 1 개, 즙
- 기름 1 컵 농어
- 껍질을 벗긴 농어 살코기 4 개

치킨 럽 시즈닝

- 해산물 조미료(Old Bay 등)
- 골드 버터 8 큰술

장식용:

- 백리향
- 레몬

a) 마리네이드 만들기: 지퍼백에 재료를 넣고 섞습니다. 필레를 넣고 냉장고에서 30 분 동안 마리네이드합니다. 한 번 돌립니다.

b) 뚜껑을 닫은 상태에서 그릴을 325F 로 예열합니다.

c) 베이킹 접시에 버터를 넣습니다. 매리 네이드에서 생선을 꺼내 베이킹 접시에 붓습니다. 닭고기와 해산물 문지름으로 생선을 간을 합니다. 베이킹 접시와 그릴에 놓습니다. 30 분간 익힌다. 1~2 회 바릅니다.

d) 내부 온도가 160F 일 때 그릴에서 꺼냅니다.

e) 레몬 슬라이스와 타임으로 장식합니다.

24. 카넬리니와 훈제 흰살 생선 딥

수율: 1 인분

재료

- 2 조각 화이트 샌드위치 빵; 딱지 제거
- ⅔컵 우유(무지방) 또는 우유 대체품
- 카넬리니 콩 1 캔, 배수 및 헹굼
- 훈제 흰살생선 1 파운드
- 다진 신선한 마늘 1 작은술
- 잘게 간 레몬 제스트 1 티스푼
- 다진 신선한 허브 2 큰술
- 소금과 갓 간 후추
- 병에 담긴 고추 소스

a) 빵을 우유에 몇 분 동안 담급니다.

b) 콩, 흰살 생선, 마늘, 제스트를 푸드 프로세서에 넣습니다. 거칠게 자르는 펄스. 불린 빵과 우유를 넣고 부드러워질 때까지 돌립니다. 허브에 펄스를 넣고 소금, 후추, 후추 소스 몇 방울로 맛을 냅니다.

c) 뚜껑을 덮고 냉장 보관하면 최대 5 일 동안 보관할 수 있습니다.

25.   훈제 생선

재료

- 흑설탕 2 큰술
- 코셔 소금 2 큰술
- 갓 간 후추 $\frac{1}{2}$ 작은술
- 프렌치 그라운드 레드 칠리 페퍼 $\frac{1}{2}$ 티스푼
- 껍질을 벗긴 연어 2 파운드

a) 사용하는 경우 설탕, 소금, 후추, 칠레 고추를 작은 그릇에 담습니다. 생선을 완전히 말리고 양념으로 문지릅니다. 뚜껑을 덮지 않은 상태로 냉장고에 30 분 동안 그대로 둡니다.

b) 그릴을 예열하고 나무 조각이나 톱밥을 준비합니다.

c) 그릴이 훈제 준비가 되면 내부 온도가 60°C(140°F)에 도달할 때까지 생선을 훈제합니다. 시간은 생선의 두께에 따라 다르지만 1 시간 후에 확인을 시작합니다.

d) 온도계를 사용하지 않는다면 생선의 가장 두꺼운 부분을 찌르십시오. 조각이 나고 불투명하게 나타나야 합니다.

e) 서빙하기 전에 생선을 약간 식히십시오.

26. 소금에 절인 대구

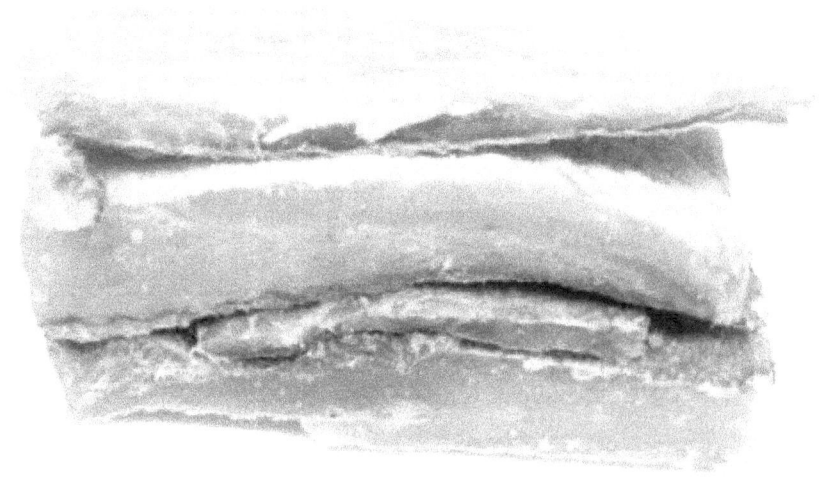

재료

- 대구 필레 2 파운드, 두께 $\frac{1}{2}$-$\frac{3}{4}$ 인치
- 코셔 소금 2 파운드

a) 바닥이 보이지 않도록 테두리가 있는 베이킹 접시(생선을 한 겹으로 담을 수 있을 만큼 큼)의 바닥을 충분한 소금으로 덮습니다. 생선 필레를 만지지 말고 한 겹으로 놓으십시오. 생선 위에 소금을 뿌려 완전히 묻힌 후 살살 눌러가며 생선 전체를 덮는다.

b) 생선을 냉장고에 넣고 덮개를 덮지 않은 채 소금에 4 일 동안 또는 뻣뻣하고 굳은 느낌이 들 때까지 숙성시킵니다. 한 조각을 드러내고 가장 두꺼운 부분을 만져 물고기를 확인하십시오.

c) 소금에서 생선을 제거하되 표면에 자연적으로 달라 붙는 소금은 그대로 두십시오. 접시에 남은 소금을 버립니다.

d) 생선을 말릴 시간입니다. 과정이 길기 때문에 식품 탈수기에서 이 작업을 수행하는 것이 좋습니다. 140°F(60°C)에서 생선이 바위처럼 단단해질 때까지 약 3 일 동안 건조하고 12 시간 정도마다 뒤집습니다.

e) 서빙하기 전에 8 시간마다 물을 갈아주면서 바칼라오를 완전히 잠길 만큼 충분한 시원한 수돗물에 24 시간 동안 담급니다. 생선의 물기를 빼고 요리하기 전에 가볍게 두드려 말립니다.

구운 가리비

27.   사과 양 해물 꼬치

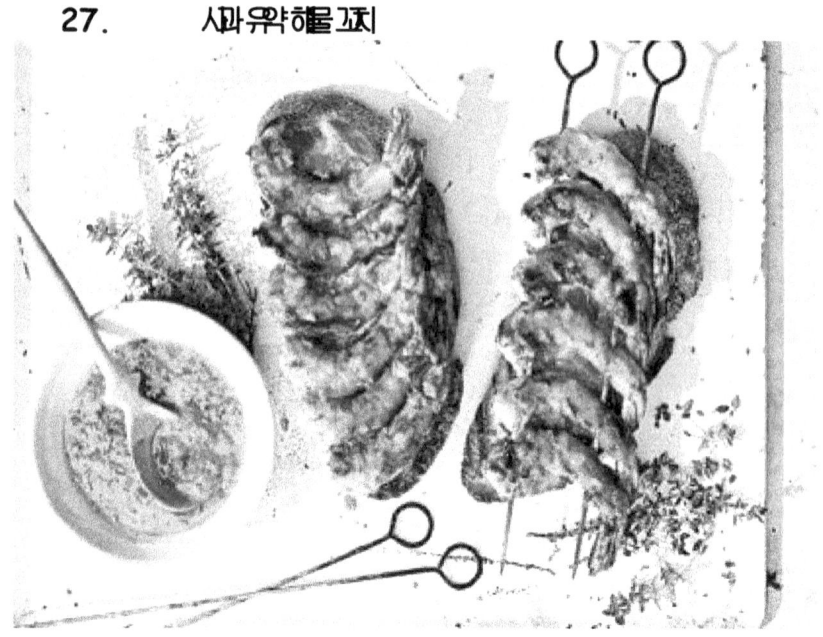

수율: 6 인분

재료

- 사과 주스 농축액 1 캔
- 버터와 디종 머스타드 각각 1 큰술
- 1 큰 달콤한 고추
- 베이컨 6 조각
- 12 바다 가리비
- 껍질을 벗기고 내장을 제거한 새우 1 파운드 (약 36 마리)
- 다진 신선한 파슬리 2 큰술

지도

a) 깊고 무거운 냄비에 농축 사과 주스를 센 불에서 7~10 분 동안 또는 약 $\frac{3}{4}$ 컵이 될 때까지 끓입니다. 불에서 꺼내 버터를 넣고 부드러워질 때까지 겨자를 섞습니다. 따로. 고추 반으로 자르기 씨와 꼭지를 제거하고 고추를 24 조각으로 자른다. 베이컨 조각을 십자형으로 반으로 자르고 각 가리비를 베이컨 조각으로 감쌉니다.

b) 꼬치에 후추, 가리비, 새우를 번갈아 가며 6 개. 기름칠한 바비큐 그릴에 꼬치를 꽂습니다. 가리비가 불투명해지고 새우가 분홍색이 되고 후추가 부드러울 때까지 사과 수스 글레이즈를 뿌린 다음 자주 회전하면서 적당히 센 불에서 2-3 분 동안 굽습니다. 파슬리와 함께 제공하십시오.

28. 갈루젖가래구이

수율: 4 인분

재료

- 녹인 버터, 필요에 따라
- 신선한 파슬리, 다진 것
- 반으로 자른 점보 가리비 12 개
- 물 1 컵
- $\frac{1}{4}$ 레몬, 주스
- 샤르도네 1 컵
- 버터 1 큰술
- 꿀 2 작은술
- 핀치 소금
- 다진 마늘 $\frac{1}{2}$ 쪽
- 물에 용해된 옥수수 전분

지도

a) 작은 냄비에 물, 와인, 주스, 버터, 꿀을 후추, 마늘과 섞습니다.

b) 온건한 열에 두십시오; 자주 저어주면서 거의 반으로 줄입니다. 옥수수 전분 용액을 두껍게 첨가하여 맛보십시오.

c) 열에서 꺼내십시오. 따뜻한 상태를 유지해.

d) 뜨거운 석탄 위에서 가리비를 굽고 녹인 버터로 자주 솔질합니다. 맛을 요리하십시오. 그릴에서 가리비를 꺼냅니다.

e) 각 접시에 6 개의 가리비 반쪽을 놓습니다. 가리비 위에 시트러스 소스를 붓고 파슬리로 장식합니다.

29.   헤니 카인엔 바다그래비

재료:

- 녹인 버터 ½컵(1 스틱)
- 꿀 ¼컵
- 간 카이엔 고추 2 큰술
- 흑설탕 1 큰술
- 마늘 가루 1 티스푼
- 양파 가루 1 티스푼
- 소금 ½ 작은술
- 바다 가리비 20 개(약 2 파운드)

지도:

a) 작은 그릇에 버터, 꿀, 카이엔, 황설탕, 마늘 가루, 양파 가루, 소금을 함께 휘젓습니다.

b) 가리비를 일회용 알루미늄 호일 로스팅 팬에 놓고 그 위에 양념한 허니버터를 붓습니다.

c) 팬을 훈지 선반에 놓고 가리비를 약 25 분 동안 훈제하여 불투명하고 단단해지고 내부 연기 온도가 130°F 가 될 때까지 훈제합니다.

d) **Preferred Wood Pellet** 에서 가리비를 제거하고 뜨겁게 서빙하십시오.

30.   구운아야바타그래비

수율: 4 인분

재료

- 바다 가리비 2 파운드; 헹구고 건조
- $\frac{1}{4}$ 컵 사과 사이다
- 간장 $\frac{1}{4}$ 컵
- 발사믹 식초 $\frac{1}{4}$ 컵
- 참기름 $\frac{1}{2}$ 온스
- 2 줄기 파; 잘게 잘린
- 신선한 생강 뿌리 2 큰술; 다진 것
- 호이신 소스 1 큰술
- 1 큰 마늘 정향; 다진 것
- 중간 크기의 할라피뇨 1 개; 다진 것
- 핫 페퍼 플레이크 1 티스푼
- 백후추 $\frac{1}{2}$ 작은술
- 코셔 소금 1 대시

a) 매리 네이드의 경우 모든 젖은 재료와 마른 재료가 섞일 때까지 휘젓고 파를 넣습니다. 가리비를 큰 비닐 보관 백에 넣고 마리네이드를 가리비 위에 붓습니다. 냉장고에 4 시간 넣어둡니다.

b) 그릴에 불을 붙이기 전에 비닐 봉지에서 가리비를 꺼내 종이 타월에 올려 마리네이드를 말립니다. 숯을 피라미드 모양으로 놓고 라이터 액체, 전기 스타터 또는 굴뚝 스타터로 불을 붙입니다. 석탄이 회색이 될 때까지 기다렸다가 직접 가열 방법을 위해 단일 층으로 펼칩니다.

c) 달라붙지 않는 스프레이로 그리드를 뿌리고 그리드가 뜨거운 석탄 위로 가열되도록 합니다(그리드가 뜨거울수록 음식이 달라붙을 가능성이 줄어듭니다). 가리비를

그리드에 놓거나 최상의 결과를 얻으려면 기름칠 야채 및 생선 그릴 바구니를 사용하십시오.

d) 바구니는 대부분의 백화점 야외 레저 매장에서 구입할 수 있습니다. 3 분 동안 굽고 양념장을 간 후 뒤집고 2-3 분 굽고 다시 양념장을 발라 완성합니다. 기리비는 매우 빨리 익습니다. 조리 시간은 총 6 분을 넘지 않아야 합니다.

31. 옥수 옐불 결믐 구운 기래와 아몬드

수율: 1 인분

재료

- 8 하스 아보카도; 껍질을 벗기고 씨를 뿌린 후 으깬 것
- 4 옥수수 속대; 데친; 숯불구이
- 고수 가루 1 티스푼
- 커민 가루 1 티스푼
- 2 붉은 양파; 잘게 썬
- 6 매실 토마토; 씨를 뿌리고 깍뚝썰기
- 1 묶음 고수; 잎만, 가늘게; 다진 것
- 3 레몬; 주스, 최대 4
- 좋은 올리브유 6 큰술
- 소금과 갈은 후추
- 슈퍼마켓에서 구입한 밀가루 토르티야 1 팩
- $\frac{1}{4}$ 파인트 옥수수 기름
- 소금과 갈은 후추

a) 콘 렐리시를 얹은 토르티야: 모든 재료를 합칩니다. 푸드 프로세서에 넣지 마십시오. 두툼해야 합니다. 맛에 계절.

b) 토르티야: 각 토르티야를 들쭉날쭉한 다섯 조각으로 찢습니다. 깔끔한 삼각형으로 자르지 마십시오. 따뜻한 기름에 노릇노릇하고 바삭해질 때까지 튀기고 키친 페이퍼에 물기를 뺍니다.

c) 간을 하고 사용할 준비가 될 때까지 밀폐된 플라스틱 용기에 따로 보관합니다.

d) 가리비: 1 인당 다이버가 잡은 큰 가리비 1 개, 가로로 2 개로 자르고 서빙 직전에 각 면을 30 초 동안 버터로 조리합니다.

e) 프레젠테이션: 오후 10 시와 오후 2 시에 살사를 얹고 가리비 반개를 얹은 토르티야 2 조각. 접시 주위에 두꺼운 비질 오일을 드리블합니다.

32. 구운 닭장 양념 가리비와 톳 샐러드

수율: 4 인분

재료

- 사케 $\frac{1}{2}$ 컵
- 카놀라유 $\frac{1}{4}$ 컵
- $\frac{1}{2}$ 컵 가벼운 된장 페이스트
- 다진 생강 2 큰술
- 설탕 2 큰술
- 굵게 간 후추 1 티스푼
- 큰 가리비 12 개
- 톳 샐러드

a) 모든 양념 재료를 함께 섞고 가리비를 덮고 4~6 시간 동안 냉장 보관합니다. 큰 가리비는 하룻밤 동안 재울 수도 있습니다.

b) 뜨거운 그릴에서 양쪽에 가리비를 표시하십시오.

c) 미디엄 레어로 제공되어야 합니다.

d) 작은 톳 샐러드 위에 가리비 3 개를 얹습니다.

e) 이 레시피는 4 인분을 제공합니다.

33. 파야 도솔을 곁들인 구운 바다가제 샐러드

수율: 4 인분

재료

- 씨를 제거한 파파야 $\frac{1}{4}$ 개
- 메드 가리비 1 파운드
- 각종 샐러드 채소 3 컵(~4 컵)
- 올리브 오일 1 티스푼
- 맛에 소금과 후추
- 올리브 오일 2 큰술
- 레몬즙 2 티스푼
- 순수 파파야 1 큰술
- 다진 바질 1 큰술
- 다진 토마토 1 큰술
- 맛에 소금과 후추

a) 전날 밤, 파파야를 순수하게 준비하고 가리비를 재워 둡니다.

b) 파파야는 껍질을 벗기고 굵게 다져서 믹서기에 넣고 갈아줍니다. 가리비에 순수 1 큰술을 바르고(드레싱용으로 남은 큰 스푼은 냉장 보관) 밤새 냉장고에 재워둡니다.

c) 샐러드를 준비할 준비가 되면 채소를 씻고 말려서 샐러드 접시에 담습니다. 드레싱을 준비하십시오.

d) 오일, 레몬 주스, 남은 파파야 퓨어, 바질, 토마토를 섞습니다.

e) 소금과 후추로 맛을 내십시오. 드레싱을 냉장 보관하지 마십시오. 상온에서 한번에 사용하세요. ⅓컵을 만듭니다.

f) 서빙 직전에 가리비에 올리브 오일을 바르고 소금과 후추를 넣어 맛을 낸 다음 뜨거운 메스킷 또는 숯불에 가리비를 앞뒤로 약 1 분 동안 굽거나 볶습니다. 너무 익히지 마십시오. 채소 주위에 가리비를 배열하고 채소 위에 드레싱을 부은 다음 즉시 서빙하십시오.

구운 연어

34.   알래스카BBQ 연어

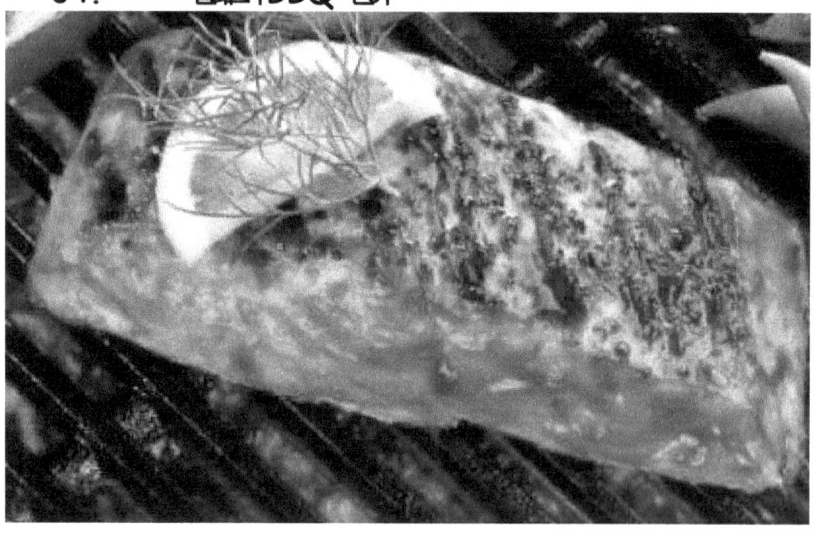

수율: 1 인분

재료

- 1 전체 드레싱 연어
- 소금과 후추
- 부드러운 버터 2 큰술
- ½ 조각 중간 양파
- ½ 조각 레몬
- 여러 가지 파슬리
- 옥수수 기름

지도

a) 생선을 씻고 두드려 말립니다. 소금과 후추로 튀기고 버터로 점을 찍습니다.

b) 물고기의 구멍에 양파, 레몬, 파슬리의 겹치는 부분을 배열하십시오. 생선에 기름을 바르십시오. 튼튼한 알루미늄 호일로 감싸고 가장자리를 이중 겹침으로 밀봉합니다. 중간 뜨거운 석탄 위에 그릴에 놓으십시오. 10 분마다 연어를 천천히 회전하면서 요리합니다.

c) 고기 온도계를 가장 두꺼운 부분에 삽입하여 45 분 후 익었는지 테스트합니다. 내부 온도를 160 도로 조리합니다.

d) 서빙하려면 생선을 가열된 플래터로 옮기십시오. 백 포일을 겹칩니다. 넓은 주걱으로 뼈와 고기 사이를 자르십시오. 각 부분을 들어 올립니다. 제스티 소스와 함께 제공합니다.

35.　　멸치구이와 스테끼

수율: 4 인분

재료
- 4 연어 스테이크
- 파슬리 가지
- 레몬 웨지

멸치 버터
- 6 멸치 필레
- 우유 2 큰술
- 버터 6 큰술
- 타바스코 소스 1 방울
- 후추

지도
a) 그릴을 고열로 예열하십시오. 그릴 선반에 기름을 바르고 각 스테이크를 올려 고르게 가열합니다. 각 스테이크에 멸치 버터의 작은 손잡이(혼합물의 1/4 을 4 개로 나눕니다)를 놓습니다. 4 분간 굽습니다.

b) 생선 조각으로 스테이크를 뒤집고 스테이크 사이에 버터의 또 다른 1/4 을 놓습니다. 4 분 동안 두 번째 면을 굽습니다.

c) 불을 줄이고 3 분 더 조리합니다. 스테이크가 얇은 경우에는 덜 익힙니다.

d) 각 스테이크 위에 가지런히 얹은 멸치 버터를 곁들여 내십시오.

e) 파슬리 가지와 레몬 조각으로 장식합니다.

f) 멸치버터: 멸치살을 모두 우유에 담가둡니다. 크림이 될 때까지 나무 숟가락으로 접시에 으깨십시오. 모든 재료를 함께 크림화하고 식힙니다.

36.   훈제 산한 연어 필레

재료:

- 연어 필레 1 개(신선한 것, 자연산, 껍질 벗긴 것)
- 올드베이 시즈닝 1/3 티스푼
- 기본 해산물 시즈닝 1 작은술

지도:

그릴을 위한 퍼핑

찬물로 연어 필레 생선을 씻고 종이 타월을 사용하여 두드려 말립니다.

연어 필레에 양념을 살짝 비벼주세요

Preferred Wood Pellet 흡연자에 Pepping

Preferred Wood Pellet 흡연자 그릴을 간접 조리로 설정하고 400°F 로 예열합니다.

필레 껍질을 그릴 격자 위에 직접 놓습니다.

내부 연기 온도가 140°F 로 올라가고 포크가 살을 쉽게 벗겨낼 수 있을 때까지 훈연기에서 연어 필레를 훈제합니다.

연어를 5 분간 휴지시킵니다.

37. 오렌지 저럽을 곁들인 설에절인 흥제연어

88

재료:

- 연어 살코기(4 파운드, 1.8kg)

양념장

- 흑설탕 - $\frac{1}{4}$ 컵
- 소금 - $\frac{1}{2}$ 티스푼

문지름

- 다진마늘 - 2 큰술
- 강판에 간 신선한 생강 - 1 티스푼
- 간 오렌지 제스트 - $\frac{1}{2}$ 티스푼
- 카이엔 고추 - $\frac{1}{2}$ 티스푼

글레이즈

- 레드 와인 - 2 큰술
- 다크 럼 - 2 큰술
- 흑설탕 - 1 $\frac{1}{2}$ 컵
- 꿀 - 1 컵

지도:

a) 소금과 황설탕을 섞은 다음 연어 필레 위에 바릅니다.

b) 양념 혼합물로 연어 필레를 문지른 다음 따로 보관합니다.

c) 양념한 연어를 펠릿훈연기에 넣고 2 시간 동안 훈연합니다.

d) 레드 와인에 다크 럼, 황설탕, 꿀을 섞은 다음 녹을 때까지 저어줍니다. 때리다.

재료:

- 치누크 연어 필레 6 파운드
- 맛볼 소금
- 녹인 버터 1C
- 레몬즙 1C
- 4 큰술 말린 딜 잡초
- 1 큰술 마늘 소금
- 맛볼 후추
- 플레인 요거트 4C

지도:

a) 연어 필레를 베이킹 접시에 담습니다.

b) 작은 그릇에 버터와 레몬즙 1/2 개를 섞고 연어 위에 뿌립니다. 소금과 후추로 간을 맞춘다.

c) 요거트, 딜, 마늘 가루, 바다 소금, 후추를 섞습니다. 연어 위에 소스를 골고루 바릅니다.

d) 소량의 카놀라유에 직신 수건으로 뜨거운 펠릿 그릴 장살을 빠르게 닦고 그릴에 필레를 놓고 호일로 텐트를 치고 뚜껑을 닫습니다.

e) 생선을 껍질을 벗기고 미디엄 레어로 약 6 분간 굽습니다.

39.   구운 야생 송어

재료:

- 랍스터 1 마리, 1 $\frac{3}{4}$ 파운드
- 녹인 버터 $\frac{1}{2}$ 컵
- 연어 팔레 2 파운드
- 잘게 썬 붉은 양파 $\frac{1}{4}$ 컵
- 백식초 3 큰술
- 물 2 큰술
- 헤비 크림 $\frac{1}{4}$ 컵
- 잘게 썬 신선한 타라곤 2 큰술
- 버터 4 큰술($\frac{1}{2}$ 스틱)
- 소금과 갓 간 후추
- 레몬 웨지와 주스
- 블러드 오렌지 샐러드

a) 랍스터 구멍에 버터와 레몬즙을 뿌립니다.

b) 연기 팬 위에 그릴에 등을 대고 랍스터를 놓습니다. 뚜껑을 닫고 25 분 정도 뜸을 들인다. 도마로 옮기고 꼬리와 발톱에서 고기를 제거하고 산호와 모든 주스는 냉장고에 보관합니다.

c) 뵈르 블랑을 만들려면 중간 냄비에 양파, 식초, 물을 넣고 중불에서 끓입니다. 불을 줄이고 3~4 분 동안 또는 약 반으로 줄어들 때까지 끓입니다. 크림과 타라곤을 첨가하십시오; 1~2 분 동안 또는 반으로 줄어들 때까지 끓입니다. 버터 덩어리를 털다.

d) 그릴을 준비하고 연어를 뜨거운 면에 놓습니다.

e) 뵈르 블랑과 함께 냄비에 랍스터 조각과 주스를 넣고 저어준 다음 불을 중불로 높입니다. 3~4 분 동안 또는 랍스터 고기가 완전히 가열될 때까지 여러 번 저으면서 끓입니다.

40.

수율: 4 인분

재료

- 신선한 모렐 버섯 1 파운드
- 샬롯 2 개, 다진 것
- 정향 마늘 1 개, 다진 것
- 버터 10 큰술, 조각으로 자르다
- 드라이 셰리 또는 마데이라 1 컵
- 연어 필레 4 조각
- 올리브유
- 소금과 갓 간 후추
- 파 16 개
- 판체타 4 큰술, 세제곱 및 트리밍

a) 버터 2 큰술에 샬롯과 마늘을 넣고 약한 불에서 부드러워질 때까지 볶습니다. 모렐을 추가하고 불을 켜고 1 분 동안 요리합니다. 셰리주를 넣고 반으로 줄입니다.

b) 남은 버터를 휘젓고 유화될 때까지 불을 켜고 끕니다.

c) 그릴 또는 능선이 있는 그릴 팬을 가열합니다. 연어 필레에 기름을 바르고 소금과 후추로 간을 합니다. 연어를 큰 팬에 옮기고 오븐에서 5~10 분간 익힙니다.

d) 중간 크기의 무거운 프라이팬을 센 불로 가열합니다. 올리브 오일 몇 스푼을 추가하십시오. 파와 판체타를 추가합니다. 튀김을 방지하기 위해 팬을 흔들면서 짧게 요리하십시오. 모렐 혼합물을 넣고 섞는다. 가볍게 양념하십시오.

e) 따뜻한 디너 접시 중앙에 연어 필레를 놓습니다. 곰보버섯 혼합물을 상단과 측면에 숟가락으로 떠 놓습니다.

41.　　　여름철의 매콤한 코넛 수프

재료

- 1150g. 1 인당 연어 조각: (150~180)
- 재스민 쌀 1 컵
- ¼ 컵 그린 카다멈 꼬투리
- 정향 1 티스푼
- 백후추 1 티스푼
- 2 계피 스틱
- 4 성 아니스
- 기름 2 큰술
- 3 양파: 잘게 다진
- ½ 디저트스푼 강황
- 코코넛 밀크 1 리터
- 코코넛 크림 500 밀리리터
- 잘 익은 토마토 큰 것 6 개
- 흑설탕 1 큰술
- 20 밀리리터 생선 소스
- 맛볼 소금
- 가람 마살라 2 큰술

a) 가람 마살라(Garam Masala): 팬에 향신료를 따로 따로 굽습니다. 커피 그라인더나 절구에 모든 향신료를 넣고 유봉으로 갈아서 갈아줍니다.

b) 매콤한 코코넛 수프: 큰 팬에 기름을 두르고 양파가 투명해질 때까지 볶습니다. 강황과 생강을 넣고 약불에서 20 분 정도 끓인 후 나머지 재료를 넣는다. 끓입니다.

c) 국물이 끓는 동안 연어와 재스민 밥을 요리합니다. 연어는 숯불로 구워야 합니다.

42.

인분:6 인분

재료

- 핑크 연어 살코기 6 개, 두께 1 인치
- 갓 짜낸 오렌지 주스 $\frac{1}{4}$ 컵
- 말린 타임 3 작은술
- 엑스트라 버진 올리브 오일 3 큰술
- 달콤한 파프리카 가루 3 작은술
- 계피 가루 1 티스푼
- 흑설탕 1 큰술
- 시금치 잎 3 컵
- 맛에 소금과 후추

지도:

a) 연어 필레 양쪽에 올리브를 살짝 바르고 파프리카 가루, 소금, 후추로 간을 합니다. 실온에서 30 분간 둡니다. 연어가 파프리카 문지름을 흡수하도록 합니다.

b) 작은 그릇에 오렌지 주스, 말린 타임, 계피 가루, 흑설탕을 섞습니다.

c) 오븐을 400F 로 예열합니다. 호일을 깐 베이킹 팬에 연어를 옮깁니다. 매리네이드를 연어에 붓습니다. 연어를 15~20 분간 익힌다.

d) 큰 프라이팬에 엑스트라 버진 올리브 오일 1 티스푼을 넣고 시금치를 몇 분 동안 또는 시들 때까지 익힙니다.

e) 시금치를 곁들인 구운 연어를 곁들여 내세요.

43.　캐비어를 곁들인 연어 팔레

4 인용

재료

- 소금 1 티스푼
- 1 라임 웨지
- 껍질을 벗긴 샬롯(양파) 10 개
- 콩기름 2 큰술(브러싱용으로 추가)
- 방울토마토 250g
- 얇게 썬 작은 그린 칠리 1 개
- 라임 주스 4 큰술
- 생선 소스 3 큰술
- 설탕 1 큰술
- 코리앤더 가지 1 주먹
- 1 1/2kg 신선한 연어 필레 s/on b/out
- 연어알(캐비어) 1 병
- 껍질을 벗기고 세로로 반으로 자른 오이 3/4 개, 씨를 제거하고 얇게 썬 것

지도

a) 오븐을 200degC 로 예열하고 오이를 도자기 그릇에 썰어 소금과 함께 절여 30 분간 둡니다.

b) 작은 로스팅 접시에 샬롯을 넣고 콩기름을 넣고 잘 섞은 다음 부드러워지고 갈색이 될 때까지 오븐에 30 분 동안 넣습니다.

c) 오븐에서 꺼낸 다음 식힐 때까지 따로 보관하고 소금에 절인 오이를 흐르는 찬물에 충분히 씻은 다음 한 줌에 물기를 짜서 그릇에 담습니다.

d) 오븐 그릴을 매우 뜨겁게 예열하고 샬롯을 반으로 잘라 오이에 넣습니다.

e) 토마토, 칠리, 라임 주스, 생선 소스, 설탕, 고수 가지, 참기름을 넣고 잘 섞습니다.

f) 맛보기 – 필요한 경우 설탕과 라임 주스로 단맛을 조절하고 따로 둡니다.

g) 기름을 바른 베이킹 페이퍼에 연어를 놓고 연어 위에 콩기름을 바르고 소금과 후추로 간을 한 다음 그릴 아래에 10 분 동안 또는 살짝 익혀 살짝 갈색이 될 때까지 두십시오.

h) 오븐에서 꺼낸 후 접시에 담고 토마토와 오이 혼합물을 뿌린 다음 한 숟가락의 연어알을 뿌립니다.

i) 라임 웨지와 밥과 함께 제공

44.　　　　멸치구이 연어 스테이크

수율: 4 인분

새료

- 4 연어 스테이크
- 파슬리 가지
- 레몬 웨지

멸치 버터

- 6 멸치 필레
- 우유 2 큰술
- 버터 6 큰술
- 타바스코 소스 1 방울
- 후추

지도

a) 그릴을 고열로 예열하십시오. 그릴 선반에 기름을 바르고 각 스테이크를 올려 고르게 가열합니다. 각 스테이크에 멸치 버터의 작은 손잡이(혼합물의 1/4 을 4 개로 나눕니다)를 놓습니다. 4 분간 굽습니다.

b) 생선 조각으로 스테이크를 뒤집고 스테이크 사이에 버터의 또 다른 1/4 을 놓습니다. 두 번째 면을 4 분간 굽습니다. 불을 줄이고 3 분 더 익힙니다. 스테이크가 얇으면 덜 익힙니다.

c) 각 스테이크 위에 가지런히 얹은 멸치 버터를 곁들여 내십시오.

d) 파슬리 가지와 레몬 조각으로 장식합니다.

e) 멸치버터: 멸치살을 모두 우유에 담가둡니다. 크림이 될 때까지 나무 숟가락으로 그릇에 으깨십시오. 모든 재료를 함께 크림화하고 식힙니다.

f) 4 인분

45.   BBQ 훈제연어

수율: **4** 인분

재료

- 간 라임 껍질 **1** 티스푼
- $\frac{1}{4}$ 컵 라임 주스
- 식물성 기름 **1** 큰술
- 디종 머스타드 **1** 티스푼
- 후추 **1** 꼬집
- 연어 스테이크 **4** 개, 두께 **1** 인치 **[1-1/2 파운드]**
- ⅓컵 볶은 참깨

지도

a) 얕은 접시에 라임 껍질과 주스, 기름, 겨자, 후추를 섞습니다. 생선을 넣고 코트로 돌립니다. 뚜껑을 덮고 실온에서 **30** 분 동안 재워둡니다. 가끔 뒤집어 줍니다.

b) 매리 네이드 예약, 생선 제거: 참깨를 뿌린다. 중간 열에 직접 기름칠 그릴에 놓습니다. 불린 나무 조각을 추가하십시오.

c) **16-20** 분 동안 또는 포크로 테스트했을 때 생선 조각이 쉽게 떨어질 때까지 중간에 양념장을 덮고 요리하고 뒤집고 시침질합니다.

46. 숯불이와 검둥

수율: 4 인분

재료

- 검은콩 ½ 파운드; 흠뻑
- 작은 양파 1 개; 다진 것
- 작은 당근 1 개
- ½ 셀러리 갈비
- 햄 2 온스; 다진 것
- 할라피뇨 고추 2 개; 줄기와 diced
- 정향 마늘 1 개
- 월계수 잎 1 개; 함께 묶여
- 타임 가지 3 개
- 물 5 컵
- 마늘 2 쪽; 다진 것
- 핫 페퍼 플레이크 ½ 작은술
- ½ 레몬; 착즙
- 1 레몬; 착즙
- ⅓ 컵 올리브 오일
- 신선한 바질 2 큰술; 다진 것
- 연어 스테이크 24 온스

지도

a) 큰 냄비에 콩, 양파, 당근, 셀러리, 햄, 할라피뇨, 통마늘, 백리향을 곁들인 월계수 잎, 물을 넣고 섞습니다. 콩이 부드러워질 때까지 약 2시간 동안 끓입니다. 콩이 잠기도록 필요에 따라 물을 더 추가합니다.

b) 당근, 셀러리, 허브 및 마늘을 제거하고 남은 요리 액체를 배출하십시오. 콩을 다진 마늘, 고추 플레이크, 레몬 $\frac{1}{2}$개의 즙과 함께 버무립니다. 따로.

c) 콩이 익는 동안 레몬 전체의 즙, 올리브 오일, 바질 잎을 섞습니다. 연어 스테이크 위에 붓고 1시간 동안 냉장 보관합니다. 연어를 적당히 센 불에서 한 면당 4-5분 동안 굽고 매분 양념장을 약간 뿌립니다. 콩의 일부와 함께 각 스테이크를 제공하십시오.

47. 폭죽구이 알래스카연어

수율: 4 인분

재료

- 4 6 온스 연어 스테이크
- $\frac{1}{4}$ 컵 땅콩 기름
- 간장 2 큰술
- 발사믹 식초 2 큰술
- 다진 파 2 큰술
- 흑설탕 1$\frac{1}{2}$ 작은술
- 다진 마늘 1 쪽
- $\frac{3}{4}$ 티스푼 강판에 간 신선한 생강 뿌리
- $\frac{1}{2}$ 티스푼 레드 칠리 플레이크 또는 그 이상
- 맛
- 참기름 $\frac{1}{2}$ 작은술
- $\frac{1}{8}$ 티스푼 소금

지도

a) 연어 스테이크를 유리 접시에 담습니다. 나머지 재료를 함께 휘젓고 연어 위에 붓습니다.

b) 비닐 랩으로 덮고 냉장고에서 4~6 시간 동안 재워둡니다. 그릴을 가열하십시오. 마리네이드에서 연어를 꺼내고 그릴에 기름을 바르고 연어를 그릴 위에 놓습니다.

c) 중간 불에서 두께 1 인치당 10 분 동안 굽습니다. 가장 두꺼운 부분에서 측정하고 요리 중간에 뒤집거나 포크로 테스트했을 때 생선 조각이 떨어질 때까지 굽습니다.

48.　　　연어구이

수율: 1 인분

재료

- 연어 3 온스
- 올리브 오일 1 큰술
- $\frac{1}{2}$ 레몬, 주스
- 쪽파 1 티스푼
- 파슬리 1 티스푼
- 신선한 간 후추 1 티스푼
- 간장 1 큰술
- 메이플 시럽 1 큰술
- 계란 노른자 4 개
- $\frac{1}{4}$ 파인트 생선 육수
- $\frac{1}{4}$ 파인트 화이트 와인
- 125 밀리리터 더블 크림
- 향신료
- 파슬리

지도

a) 연어를 얇게 썰어 올리브 오일, 메이플 시럽, 간장, 후추, 레몬즙이 담긴 용기에 10~20 분 동안 담가둡니다.

b) Sabayon: 중탕 냄비에 계란을 휘젓습니다. 팬에 화이트 와인과 생선 육수를 줄입니다. 혼합물을 계란 흰자에 넣고 휘젓습니다. 여전히 휘젓는 크림을 추가하십시오.

c) 얇게 썬 연어를 서빙 접시에 놓고 약간의 사바욘을 뿌립니다. 그릴 아래에 2-3 분 동안만 두십시오.

d) 골파와 파슬리를 흩뿌려 즉시 제거하고 제공합니다.

수율: 6 인분

재료
- 버터 $\frac{1}{4}$ 컵
- 1$\frac{1}{2}$ 컵 35% 리얼 휘핑크림
- 보드카 2 큰술, 선택 사항
- 잘게 썬 훈제 연어 8 온스
- 소금 $\frac{1}{2}$ 작은술
- 후추 $\frac{1}{2}$ 작은술
- 다진 신선한 딜 2 큰술
- 페투치니 국수 $\frac{3}{4}$ 파운드
- $\frac{1}{2}$ 컵 파마산 치즈, 강판

a) 크고 깊은 프라이팬에 버터를 부드럽게 녹입니다. 크림을 추가합니다. 종기에 가져다. 보드카를 추가하십시오. 불을 줄이고 약간 걸쭉해질 때까지 약한 불에서 3-4 분간 조리합니다.

b) 훈제 연어, 소금, 후추, 딜을 넣습니다. 열에서 제거하십시오.

c) 끓는 소금물이 담긴 큰 냄비에 페투치니가 부드러워질 때까지 요리합니다. 4. 면의 물기를 잘 뺀다. 소스를 재가열합니다. 뜨거운 소스와 함께 냄비에 물기를 뺀 국수를 놓습니다. 소스가 국수를 덮고 두껍고 크림처럼 될 때까지 약한 불로 부드럽게 볶습니다.

d) 원하는 경우 치즈를 뿌린다. 간을 보고 필요에 따라 간을 조절하세요

50.   가정 훈제연어

수율: 8 인분

재료

- 연어 필레 또는 스테이크 1 파운드
- 앨더우드 칩
- 굴뚝 흡연자

a) 앨더우드 칩을 담그는 동안 소량의 석탄으로 굴뚝 흡연자를 준비하십시오.

b) 석탄이 뜨거워지면 칩에서 물을 빼고 칩을 뜨거운 석탄 위에 놓고 드립 캐처와 화격자를 제자리에 놓고 연어를 화격자에 직접 놓습니다. 뚜껑을 닫고 6~12 시간 그대로 두세요!

c) 생선은 130~140 도에서 익고 화격자에서 꺼내면 조각이 날 것입니다.

51.　　연어 육포

재료

- 껍질을 벗긴 연어 필레 2 파운드
- 잘게 다진 큰 마늘 4 쪽
- 잘게 다진 신선한 생강 4 티스푼
- 간장 1 컵
- 순수한 메이플 시럽 $\frac{3}{4}$ 컵
- 레몬 주스 $\frac{3}{4}$ 컵
- 갓 간 후추
- 중성 식용유

a) 연어를 두드려 완전히 말리고 약 30 분 동안 얼려 단단하게 만들고 슬라이스하기 쉽게 만듭니다.

b) 한편 마늘, 생강, 간장, 메이플 시럽, 레몬 주스를 중간 크기의 그릇에 담습니다.

c) 생선을 $\frac{1}{4}$~$\frac{1}{2}$인치 두께의 긴 조각으로 자릅니다. 더 부드러운 육포를 원하면 결 반대 방향으로, 더 단단한 조각을 원하면 결 방향으로 썰습니다. 양념장에 생선 조각을 넣고 가끔 저어주면서 실온에서 1 시간 동안 둡니다.

d) 매리 네이드에서 스트립을 하나씩 당겨 평평한 단일 층으로 종이 타월에 말립니다. 매콤한 맛을 내려면 생선에 검은 후추나 붉은 고추 플레이크를 뿌립니다. 이제 생선을 말릴 차례입니다.

52. 윤이나는어

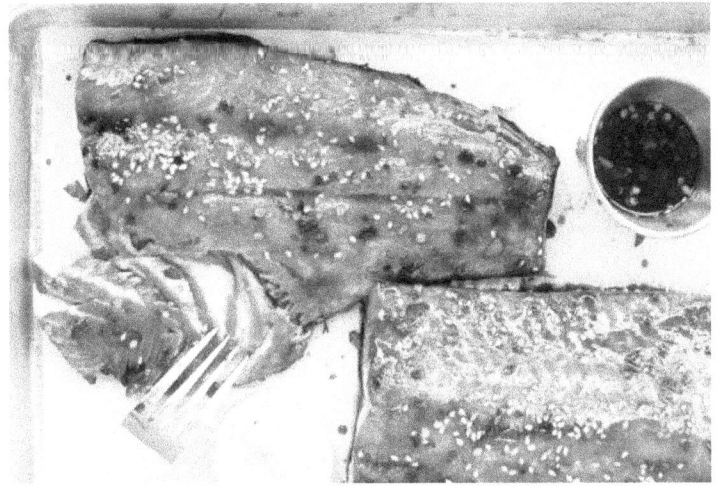

인분: 6

재료:

- 다진 샬롯 1 개
- 마늘 가루 1 티스푼
- 생꿀 $\frac{1}{4}$ 컵
- 신선한 오렌지 주스 1/3 컵
- 코코넛 아미노스 1/3 컵
- 연어 필레 6 개
- 생강 가루 1 티스푼

지도

a) 모든 재료를 지퍼백에 넣고 밀봉합니다.

b) 백을 흔들어 연어 혼합물을 코팅합니다.

c) 가끔 뒤집어가며 약 30 분 동안 냉장 보관합니다.

d) 그릴을 중불로 예열합니다. 그릴 창살에 그리스를 바릅니다.

e) 마리네이드 백에서 연어를 꺼내 따로 보관합니다.

f) 연어 필레를 그릴에 놓고 약 10 분 동안 굽습니다.

g) 예약된 양념장으로 살코기를 닦고 5 분 더 굽습니다.

53.   연어 샐러드

수율: 6 인분
재료

- 플레인 무지방 요거트 1 컵
- 잘게 썬 신선한 딜 2 큰술
- 레드 와인 식초 1 큰술
- 소금과 갓 간 후추
- 껍질과 힘줄을 제거한 2 파운드 연어 살코기 (두께 1 인치) 1 개
- 카놀라유 1 큰술
- 소금 $\frac{1}{2}$ 작은술
- 갓 간 후추 $\frac{1}{2}$ 작은술
- 중간 크기 오이 1 개
- 곱슬 잎 상추
- 4 잘 익은 토마토; 잘게 썬다
- 적양파 2 개; 껍질을 벗기고 얇게 썰고 고리 모양으로 분리
- 1 레몬; 길이로 반을 갈라 얇게 썬다.

지도:

a) 드레싱 만들기: 요거트, 딜, 식초, 소금, 후추를 함께 저어줍니다. 냉장 보관하십시오. 샐러드 만들기: 연어 양면에 기름, 소금, 후추를 뿌립니다.

b) 매우 뜨거울 때까지 그릴을 가열합니다. 연어를 그릴에 놓고 뚜껑을 덮은 채 벗겨질 때까지 각 면을 약 3 분 30 초 동안 익힙니다. 서빙 접시에 옮기고 최소 5 분 동안 그대로 둡니다. $\frac{1}{2}$ 인치 슬라이스로 조각합니다.

c) 연어를 그릇에 담고 드레싱을 뿌립니다. 덮고 냉장 보관하십시오. 먹기 직전에 오이를 껍질을 벗기고 길이로 반으로 자릅니다. 작은 숟가락으로 가운데를 긁어내어 씨를 제거합니다. 얇게 썬다.

d) 양상추 잎이 늘어선 큰 접시 중앙에 연어 혼합물을 올려 놓습니다. 오이, 토마토, 양파, 레몬 조각으로 둘러쌉니다. 원하는 경우 추가 딜로 장식합니다.

구운 문어

54.

수율: 1 인분

재료

- 손질한 문어 2 파운드
- 다진 마늘 1 쪽
- 흑설탕 2 큰술
- $\frac{1}{2}$ 컵 레드 와인
- 레몬 타임 잎 1 큰술

페스토 마요네즈:

- 계란 마요네즈 $\frac{1}{2}$ 컵
- $\frac{1}{4}$ 컵 기성품 페스토

지도

a) 문어, 마늘, 설탕, 와인, 타임을 접시에 담고 **1~2** 시간 재워둡니다. 문어가 익고 부드러워질 때까지 정기적으로 섞으면서 뜨거운 **BBQ** 접시에서 요리합니다.

b) 페스토 마요네즈 만들기 - 마요네즈와 페스토를 섞는다. 문어와 함께 소스로 먹거나 숟가락으로 떠서 드세요.

c) 올리브 오일, 신선한 레몬 주스, 다진 미늘, 신선한 파슬리를 섞은 문어를 넣습니다. 문어를 깨끗이 씻은 후 소금물에 헹구고 **10** 분간 바비큐한다.

d) 문어는 말려서 마늘 샐러드에서 매우 매력적으로 보이는 붉은 색으로 변합니다. 문어가 질긴 경우에는 **4~5** 분 정도 쪄서 부드럽게 해주세요.

55.   빠유마트뭐

수율: 1 인분

재료

- 주머니, 눈, 붉은 피부가 있는 문어 3~5 파운드 1 마리 꺼내기
- 버진 올리브 오일 ½ 컵
- 1 레몬, 주스 및 제스트
- 으깬 레드 페퍼 플레이크 1 큰술
- 신선한 오레가노 1 묶음, 대충 깍뚝썰기
- 갓 간 후추 1 큰술
- 2 헤드 에스카롤
- ½ 컵 신선한 민트 잎
- 4 개.

지도

a) 그릴이나 바베큐를 데우십시오.

b) 문어를 코르크로 찬물에 넣고 끓입니다. 약한 불로 낮추고 부드러워질 때까지 35~40 분 동안 조리합니다.

c) 꺼내서 헹구고 믹싱 접시에 자르고 올리브 오일, 레몬 껍질과 주스, 고추, 오레가노 및 후추를 함께 저어줍니다. 문어 조각을 10 분간 재운 후 그릴에 굽습니다. 한 면당 약 5 분씩 바삭하고 약간 그을릴 때까지 요리합니다.

d) 문어가 구울 때, 연약한 겉잎을 깨끗이 씻는다.

e) 길이로 반을 갈라 잘 헹구어 가루를 빼주세요. 자른 면을 아래로 하여 그릴에 놓고 한 면이 살짝 그을릴 때까지 약 3~4 분 동안 굽습니다. 뒤집어서 2 분 더 익힌 후 꺼내세요.

f) 문어를 꺼내 소금물에 다시 넣고 가위로 먹기 좋은 크기로 잘라 에스카롤에 붓고 신선한 민트를 뿌린 후 서빙합니다.

53. 삶은아기문어구이

4 인분

재료

- 깨끗이 씻어 냉동한 아기 문어 $2\frac{1}{2}$ 파운드
- 풀 바디 레드 와인 2 컵
- 피노 누아 또는 까베르네 소비뇽
- 얇게 썬 작은 양파 1 개
- 검은 후추 열매 1 작은술
- 티스푼 전체 정향
- 월계수잎 1 장
- 시칠리아 시트러스 마리네이드 1 컵
- 씨를 빼고 거칠게 다진 시칠리아 또는 Cerignola 그린 올리브 $\frac{3}{4}$ 컵
- 3 온스의 어린 아루굴라 잎
- 다진 신선한 민트 1 큰술
- 굵은 천일염과 갓 간 후추

지도

a) 문어를 헹구고 국그릇에 술과 물을 충분히 붓습니다. 양파, 통후추, 정향, 월계수 잎을 넣습니다. 센 불로 끓이다가 중약불로 줄여 뚜껑을 덮고 문어가 칼이 쉽게 들어갈 정도로 부드러워질 때까지 **45 분~1** 시간 동안 은근히 끓인다.

b) 문어의 물기를 빼고 액체를 버리거나 걸러서 해산물 육수나 리조또용으로 비축합니다. 문어가 충분히 식으면 머리 부분의 촉수를 잘라냅니다.

c) 문어와 마리네이드를 **1** 갤런 지퍼락 백에 담습니다. 공기를 빼고 봉지를 밀봉한 다음 **2~3** 시간 동안 냉장 보관합니다. 그릴에 불을 붙여 약 **450¼F** 정도의 중불 정도의 직접적인 열을 가하세요.

d) 양념장에서 문어를 꺼내 두드려 물기를 제거하고 실온에 **20** 분간 둡니다. 양념장을 냄비에 걸러내고 중불에서 끓입니다. 올리브를 넣고 불에서 내립니다.

e) 그릴 창살을 닦고 기름을 바릅니다. 그릴 자국이 잘 생길 때까지 문어를 한 면당 **3~4** 분씩 열에 바로 굽습니다. 잘 익도록 문어를 부드럽게 누릅니다. 접시에 아루굴라를 놓고 문어를 얹습니다. 서빙할 때마다 상당한 양의 올리브를 포함하여 따뜻한 소스를 숟가락으로 떠서 내십시오. 민트, 소금, 후추를 뿌린다.

구운 참치

54. 배추전구이

수율: 1 인분

재료
- 골든 케이준 스타일 해산물 $\frac{3}{4}$ 컵
- 참치 스테이크 1$\frac{1}{2}$ 파운드

지도
a) **Cajun Style Seafood Brine** 을 생선 위에 골고루 붓고 **20~30** 분 동안 여러 번 돌려가면서 뇌둡니다.
b) 적당히 뜨거운 석탄 위에 열린 그릴에서 요리하십시오. 한 번 바르고 뒤집습니다. 생선은 살이 불투명할 때 다 된 것이다.
c) 믹스 샐러드, 녹두, 프렌치 빵과 함께 제공

55. 훈제 잘린 참치

재료:

- 3 파운드의 연어 필레(양식)
- 신선한 생선 소금물 2 컵

지도:

a) 같은 속도로 요리할 수 있도록 필레를 4 인치 크기로 자릅니다.

b) 밀봉 가능한 플라스틱 용기에 돼지 갈비를 넣고 용기에 붓습니다. 신선한 생선 소금물

c) 그것을 덮고 밤새 냉장고에 두십시오.

d) 이 시간이 지나면 돼지 갈비를 제거하고 종이 타월로 두드려 말립니다.

e) 흡연자 그릴을 간접 요리로 설정

f) 연어 필레를 테프론 코팅 유리 섬유 매트로 옮깁니다.

g) 훈연기를 180°F 로 예열하고 연어 필레의 내부 연기 온도가 145°F 까지 올라갈 때까지 요리합니다.

56. 훈제참치

재료:

- ♣ 참치 스테이크 10 온스(신선)
- ● 데리야끼 소스 1 컵

지도:

a) 참치를 4 인치 크기로 잘라 같은 속도로 익힐 수 있도록 합니다.

b) 참치 스테이크를 밀봉 가능한 플라스틱 용기에 넣고 데리야끼 소스 용기에 붓습니다.

c) 랩을 씌우고 냉장고에 3 시간 넣어둡니다

d) 이 시간이 지나면 참치 스테이크를 꺼내 종이 타월로 가볍게 두드려 물기를 제거합니다.

e) 필렛을 달라붙지 않는 그릴 트레이에 옮기고 훈연기에 1 시간 동안 두세요.

f) 이 시간이 지나면 Preferred Wood Pellet 을 250°F 로 올리고 참치의 내부 연기 온도가 145°F 까지 올라갈 때까지 요리합니다.

g) 그릴에서 꺼내어 10 분간 휴지시킵니다.

재료:

- 6 온스 참치 스테이크
- 1 1/4 컵 화이트 와인
- 실란트로 잎 1 컵
- 무염 버터 1 컵
- 다진 샬롯 1/4 컵
- 2 큰술 화이트 와인 식초
- 와사비 페이스트 1 큰술
- 간장 1 큰술
- 올리브 오일 1 큰술
- 소금과 후추 맛

지도:

a) 냄비에 와인, 와인 식초, 샬롯을 넣고 중불에서 섞습니다. 2 큰술 정도가 되도록 졸인다. 샬롯을 걸러내고 버립니다.

b) 혼합물에 와사비와 간장을 넣고 **Preferred Wood Pellet** 을 줄입니다. 완전히 섞일 때까지 저어주면서 천천히 버터를 첨가합니다. 실란트로를 저어 열에서 제거하십시오. 따로.

c) 올리브 오일로 참치 스테이크를 닦습니다. 소금과 후추로 간을 하고 그릴에 굽습니다.

d) 90 초 동안 구운 다음 뒤집어서 90 초 동안 계속 굽습니다.

58. 군참치버

재료

- 신선한 참치 1½ 파운드
- 계란 2 개
- 작은 작은 오이 또는 코니콘 4~6 개
- 소금
- 갓 간 후추 1 티스푼
- 올리브 오일 1 큰술
- 잘게 다진 달콤한 흰 양파 ½ 컵
- 신선한 옥수수 2 컵
- 드라이 화이트 와인 ¼ 컵
- 레몬 1 개의 즙(약 3 큰술)과 그 레몬 제스트(약 1 큰술)
- 잘게 썬 신선한 딜 1½ 큰술
- 레몬 콘 살사

a) 기름을 두른 화격자에 참치를 놓고 3~4 분 동안 굽습니다. 3~4 분 더 돌리거나 생선이 약간 부드러워질 때까지 굽습니다. 제거하고 식하십시오.

b) 식힌 참치를 큰 믹싱 볼에 부수고 계란, 작은 오이, 소금을 취향에 따라 넣고 후추를 넣고 큰 포크로 으깬다. 따로.

c) 중간 정도 높은 열에 큰 냄비에 기름을 가열합니다. 양파를 넣고 부드러워질 때까지 2~3 분 동안 볶습니다. 옥수수, 와인, 레몬 주스, 딜을 넣고 4~5 분 동안 끓입니다. 열에서 제거하십시오.

d) 액체와 풍미를 참치에 완전히 섞습니다. 혼합물을 4 개의 패티로 만듭니다. 패티를 기름칠한 천공 피자 팬이나 그릴 위의 철망 바구니에 놓습니다. 패티를 3~4 분 동안 갈색으로 굽습니다. 3~4 분 더 돌리거나 만졌을 때 단단해질 때까지 굽습니다.

e) Lemony Corn Salsa 와 함께 구운 햄버거 번에 제공하십시오.

59. 통조림 참치

재료

- 1 파인트 병당 1 파운드의 참치 필레 또는 깨끗한 신선한 참치
- 파인트 병당 코셔 소금 1 티스푼
- 엑스트라 버진 올리브 오일 $\frac{3}{4}$ 컵

a) 오븐을 250°F(120°C)로 예열하세요.

b) 참치가 마르지 않도록 알루미늄 호일로 싸십시오. 호일 패키지를 베이킹 시트에 놓고 오븐에 넣습니다. 약 1 시간 동안 또는 과육의 가장 두꺼운 부분의 내부 온도가 140°F(60°C)에 도달할 때까지 조리합니다.

c) 생선을 요리한 후 약간 식힌 다음 몇 시간 동안 냉장 보관하여 과육을 단단하게 만듭니다.

d) 참치가 익으면 통조림으로 만들 준비가 된 것입니다. 입이 넓은 파인트 병을 청소하고 흠집과 찌그러짐이 있는지 확인합니다.

e) 참치는 껍질을 벗기고 변색된 과육을 제거합니다. 가벼운 참치 고기만 원한다면 어두운 고기도 잘라냅니다. 참치를 항아리에 단단히 담을 수 있을 만큼 큰 조각으로 자릅니다.

f) 항아리를 생선으로 단단히 포장하십시오. 병당 소금 1 티스푼을 추가합니다. 참치를 기름(원하는 경우)으로 덮거나 머리 부분에 1 인치의 공간을 남기고 물로 덮습니다. 림을 깨끗이 닦고 뚜껑을 추가합니다.

60. 야채와 구운참치

수율: 6 인분

재료

- 엑스트라 버진 올리브 오일 $\frac{3}{4}$ 컵
- 다진 파슬리 $\frac{1}{2}$ 컵
- 물기를 빼고 다진 항아리에 절인 구운 고추 $\frac{1}{2}$ 컵
- 얇게 썬 파 $\frac{1}{2}$ 컵
- $\frac{1}{4}$ 컵 신선한 레몬 주스
- 물기를 제거한 케이퍼 2 큰술
- 다진 신선한 오레가노 2 큰술 또는
- 말린 오레가노 2 작은술
- 소금 $\frac{1}{4}$ 작은술
- 8 온스 참치 스테이크 6 개, 두께 약 3/4 인치
- $\frac{1}{8}$ 티스푼 갓 간 후추

a) 중간 냄비에 올리브 오일 $\frac{1}{2}$ 컵과 파슬리, 고추, 파, 2 큰술을 섞습니다. 레몬 주스, 케이퍼, 오레가노, 소금. 약한 불에서 5 분 동안 끓이면서 가끔 저어가며 풍미가 섞이도록 합니다. 열에서 제거하고 따로 보관하십시오. 2. 유리 베이킹 접시에 참치를 한 겹으로 놓습니다.

b) 남은 올리브 오일 $\frac{1}{4}$ 컵과 2 큰술을 뿌립니다. 생선 위에 레몬 주스.

c) 후추로 간을합니다. 뒤집어서 양면을 코팅합니다. 비닐 랩으로 덮고 실온에서 30 분 동안 재웁니다. 3. 뜨거운 불을 준비합니다. 석탄에서 4~6 인치 떨어진 기름칠 그릴에 생선을 놓습니다. 그릴 옆면에 스튜 냄비를 놓고 소스를 다시 데웁니다. 전체적으로 불투명하지만 여전히 촉촉할 때까지 약 8~10 분 동안 참치를 한 번 뒤집고 굽습니다. 각 스테이크 위에 서빙 접시와 스푼 소스로 옮깁니다.

61. 구운 참치를 곁들인 옥수수 살사

수율: 2 인분

재료

- 6 온스짜리 참치 스테이크 2 개
- 1 소금, 맛을보기 위해
- 갓 갈은 흰 후추 1 개, 맛을보기 위해
- 잘게 썬 멜론 1 컵
- 작게 자른 프로슈토 $\frac{1}{4}$ 컵
- 다진 샬롯 2 큰술
- 다진 민트 티스푼
- 티스푼 샴페인 식초
- 큰 스푼 올리브 오일
- 다진 녹색 피망 1 개
- 파슬리 1 개

a) 그릴을 높게 예열하십시오. 참치 스테이크에 간을 합니다. 작은 그릇에 멜론, 프로슈토, 샬롯, 민트, 식초, 올리브 오일을 넣고 소금과 후추로 간을 합니다. 그대로 두고 15~20 분 동안 향이 퍼지도록 둡니다. 참치 스테이크를 그릴에 놓고 미디엄 레어로 각 면을 2~3 분씩 굽습니다. 참치 스테이크를 큰 서비스 접시에 놓고 그 위에 살사 소스를 얹어 살사 주스가 참치 전체에 잘 스며들도록 합니다. 다진 고추와 파슬리로 장식합니다. 이 레시피는 앙트레 2 인분을 제공합니다.

구운 도미

62. 레몬을 곁들인 감을 또미구이

수율: 1 인분

재료

- $1\frac{1}{2}$ 파운드 레드 스내퍼
- 오렌지 주스 1 컵
- 자몽 주스 1 컵
- $\frac{1}{4}$ 컵 라임 주스
- 다진 신선한 실란트로 2 큰술
- 카이엔 고추 $\frac{1}{4}$ 작은술
- 간장 2 큰술
- 다진 마늘 1 큰술
- 물 $1\frac{1}{2}$ 컵
- 긴 곡물 쌀 1 컵
- 엑스트라 버진 올리브 오일 1 큰술
- 신선한 라임 또는 레몬 주스 $2\frac{1}{2}$ 큰술
- 3 티스푼 강판 제스트; (장식용)
- 1 작은 술 갈은 흰 후추
- $\frac{1}{4}$ 컵 다진 피 또는 파; (장식용)

지도

a) 그릴을 375 도까지 가열합니다.

b) 얕은 베이킹 접시에 감귤 주스, 고수, 카이엔 고추, 다진 마늘, 간장을 섞습니다. 생선을 넣고 4 시간 동안 냉장 보관하고 2 시간 후 생선을 뒤집습니다.

c) 소금물에서 생선을 꺼내 알루미늄 호일로 싸십시오. 포장된 패키지를 시트 팬에 놓고 15~20 분 또는 살이 쉽게 벗겨질 때까지 굽습니다. 생선의 포장을 풀고 큰 접시에 담습니다.

d) **라임 라이스:** 재료를 섞고 물이 증발할 때까지 30 분 이상 끓입니다. 후추로 간을 하고 제스트와 파로 장식합니다.

63. 살에 절인 적피

재료:

- 흑설탕 1 큰술
- 다진마늘 2 작은술
- 소금 2 티스푼
- 갓 간 후추 2 티스푼
- $\frac{1}{2}$ 티스푼 으깬 레드 페퍼 플레이크
- 1($1\frac{1}{2}$~2 파운드) 참돔 살코기
- 올리브 오일 2 테이블스푼
- 장식용 라임 슬라이스 1 개

지도:

a) 제조업체의 특정 시작 절차에 따라 훈연기를 225°F 로 예열하고 알더 Preferred Wood Pellet 을 추가합니다.

b) 작은 그릇에 흑설탕, 마늘, 소금, 후추, 레드 페퍼 플레이크를 섞어 향신료 혼합물을 만듭니다.

c) 생선 전체에 올리브 오일을 바르고 양념 혼합물을 발라 코팅합니다.

d) 그릴 창살이나 들러붙지 않는 그릴 매트 또는 천공된 피자 스크린에 기름을 바릅니다. 필렛을 훈제 선반에 놓고 내부 연기 온도가 145°F 가 될 때까지 1~1 시간 30 분 동안 훈제합니다.

e) Preferred Wood Pellet 에서 생선을 꺼내고 라임 조각과 함께 뜨겁게 서빙하십시오

64. 차훔제또미

수율: 6 인분

재료

- 루가 스내퍼 필레 1 개(약 1 파운드)
- 중국 홍차 잎 6 큰술
- 6 성 아니스
- 3 계피 스틱
- 정향 20 개
- 생쌀 6 큰술
- 다진 마늘 6 쪽

마리네이드:

- 얼음물 2 컵
- 간장 6 큰술
- 설탕 1 큰술
- 생강즙 ½ 컵
- 소금 2 큰술

a) 매리 네이드를 섞고 생선을 넣고 약 3 시간 동안 그대로 두십시오. 훈제 재료보다 최소 5cm 위에 생선을 철망이나 둥근 대나무 선반에 올려 웍 안에 넣습니다. 웍을 덮고 약한 불에서 15~20 분간 훈제합니다.

b) 배추의 톡 쏘는 피클과 함께 뜨겁거나 차갑게 썰어 서빙하십시오.

c) 생강 주스: 신선한 어린 생강 125g 을 껍질을 벗기고 덩어리로 자르고 푸드 프로세서에 넣습니다. 물 5 큰술을 넣고 부드러워질 때까지 가공합니다. 고운 체나 깨끗하고 고운 천에 내용물을 붓습니다. 짜서 신선한 맛이 나는 후추 생강 주스를 추출합니다.

수율: 1 인분

재료

- $\frac{1}{2}$ 컵 올리브 오일
- 녹인 버터 3 큰술
- 다진 마늘 1 쪽
- 간 파마산 치즈 2 큰술
- 오레가노 1 티스푼
- 레몬 후추 $\frac{1}{4}$ 작은술
- $\frac{1}{4}$ 작은술 양념 소금
- 신선한 레몬 주스 2 큰술
- 1 파운드 참돔 필레

a) 그릇에 기름, 버터, 치즈, 오레가노, 레몬 후추, 소금, 레몬 주스를 섞습니다. 물고기를 추가하십시오. 고르게 코팅하십시오. 비닐 랩으로 덮고 1 시간 동안 냉장 보관합니다. 생선을 비우고 매리 네이드를 예약하십시오. 기름을 바른 그릴 바구니에 필레 껍질을 아래로 향하게 놓습니다. 한 면당 3~4 분 굽습니다.

b) 굽는 동안 양념장으로 생선을 닦으십시오.

66. 망고 커틀을 곁들인 구운 적피버

수율: 4 인분

재료

- 1 파운드 신선한 참돔
- 달걀 흰자 3 개
- 다진 파 2 큰술
- 화이트 우스터셔 소스 1 큰술
- 타이 피시 소스 1 큰술
- 망고 케첩 $\frac{1}{4}$ 컵 -- 레시피 참조
- 시금치 $\frac{1}{4}$ 파운드
- 빵가루 $\frac{1}{2}$ 컵
- 다진 딜 1 티스푼
- 1 덩어리 프랑스 빵

a) 도미를 손으로 자르거나 푸드 프로세서에서 강철 칼날로 자릅니다. 도미를 큰 스테인리스 그릇에 넣습니다. 계란 흰자, 우스터셔 소스, 생선 소스, 파, 딜을 넣습니다. 잘 섞는다. 이 혼합물에 혼합물을 함께 묶을 수 있도록 충분한 빵 부스러기를 추가하십시오. $\frac{1}{2}$ 인치 두께의 버거 모양 4 개를 만들고 냉장고에서 약 30 분 동안 식힙니다.

b) 매우 뜨거울 때까지 그릴이나 브로일러를 가열합니다. 그동안 시금치를 깨끗이 씻어 말립니다. 굽기 직전에 햄버거 위에 약간의 올리브 오일을 뿌립니다. 생선이 너무 익지 않도록 주의하면서 약 1-30 분 동안 센 불에서 버거를 굽습니다.

c) 시금치 잎을 얹고 망고 케첩을 곁들인 프랑스 빵에 햄버거를 즉시 제공하십시오.

67. 봄나물참돔구이

수율: 4 인분

재료

- 작은 것 4 마리 통째로 깨끗이 씻은 도미(각각 1 1/2~2 파운드)
- 엑스트라 버진 올리브 오일 4 큰술
- 굵은 소금 맛
- 맛을 내기 위해 갓 갈은 후추
- 신선한 타임(큰 다발) 2 묶음
- 장식용으로 4 등분한 레몬
- 라이트 앤 핫 소스 1 컵

a) 뜨거운 석탄으로 그릴을 준비하거나 육계를 예열하십시오.

b) 생선을 안팎으로 헹군 다음 가볍게 두드려 말립니다. 도미의 안팎을 기름으로 닦고 소금과 후추를 뿌립니다. 각 생선 안에 백리향 가지 3~4 개를 넣습니다. 작은 금속 꼬챙이로 구멍을 막습니다.

c) 그릴 선반에 가볍게 기름을 바르고 열원에서 4 인치 떨어진 선반에 생선을 놓습니다. 완전히 익을 때까지 굽습니다. 한 면당 4-6 분, 한 번 뒤집습니다.

d) 가능한 경우 남은 백리향 가지, 레몬 반쪽, 신선한 나스터튬 꽃으로 장식한 장식 접시에 즉시 제공합니다.

e) 라이트 소스와 핫 소스를 함께 제공하십시오.

구운 새우와 참새우

68. 새우 양념구이

수율: 4 인분

재료

- 큰 새우 24 마리; 껍질을 벗기고 deveined
- 파프리카 1 컵
- 각각 1 큰술: 카이엔 고추; 마늘 가루, 후추, 소금
- 말린 오레가노 2 작은술
- 말린 타임 1 큰술
- 말린 딜 $\frac{1}{2}$ 큰술
- 휘핑크림 2 컵
- 사프란 꼬치 $\frac{1}{2}$ 작은술
- $\frac{1}{2}$ 컵 신선한 옥수수 커널
- 메이플 시럽 2 큰술
- 2 레몬 주스
- 맛볼 소금

지도

a) 바베큐 향신료: 파프리카, 카이엔, 마늘 가루, 후추, 소금, 오레가노, 백리향, 딜을 섞습니다. 잘 섞다. 밀폐 용기에 보관하십시오. 약 11/2 컵 분량

b) 새우: 대나무 꼬치 4 개를 2 시간 동안 물에 불립니다. 각 꼬치에 새우 6 마리를 놓고 바베큐 스파이스를 넉넉히 뿌립니다.

c) 바베큐 그릴에 새우를 놓고 꼬리가 불의 가장 뜨거운 부분에서 떨어져 있는지 확인합니다. 한 면당 약 3~4 분 또는 완료될 때까지 굽습니다. 너무 익히지 마십시오. 사프란과 스위트 콘 크림과 함께 제공합니다. 1 인당 꼬치 1 개 제공.

d) 사프란과 옥수수 크림: 사프란과 옥수수를 넣은 냄비에 사프란이 색을 내기 시작할 때까지 크림을 가열합니다. 시럽을 추가합니다. 레몬 주스와 소금에 털다.

69. 사과 유약 해물 꼬치

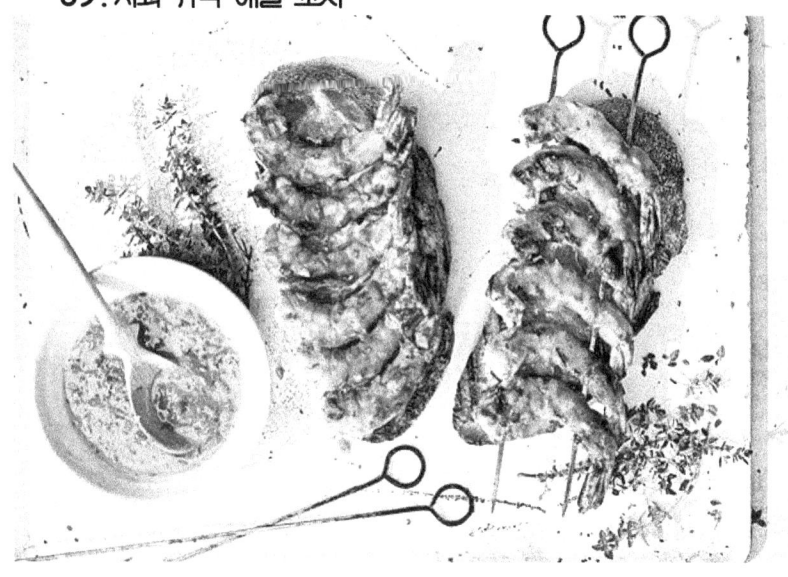

수율: 6 인분

재료
- 냉동 사과 주스 농축액 1 캔
- 버터와 디종 머스터드 각각 1 큰술
- 1 큰 달콤한 고추
- 베이컨 6 조각
- 12 바다 가리비
- 껍질을 벗기고 내장을 제거한 새우 1 파운드(약 36 마리)
- 다진 신선한 파슬리 2 큰술

깊고 무거운 냄비에 농축 사과 주스를 센 불에서 **7~10** 분 또는 약 $\frac{3}{4}$ 컵이 될 때까지 끓입니다. 불을 끄고 버터와 겨자를 부드러워질 때까지 휘젓습니다. 따로. 고추는 반으로 가른 후 씨와 꼭지를 제거하고 **24** 등분한다. 베이컨 조각을 십자형으로 반으로 자르고 각 가리비를 베이컨 조각으로 감쌉니다.

꼬치에 고추, 가리비, 새우를 번갈아 가며 **6** 개. 기름칠한 바비큐 그릴에 꼬챙이를 놓습니다. 가리비가 불투명해지고 새우가 분홍빛이 되고 후추가 부드러울 때까지 사과 주스 글레이즈를 뿌린 다음 자주 돌려가며 적당한 센 불에서 **2~3** 분 동안 굽습니다. 파슬리와 함께 제공하십시오.

70. 마늘 새우 꼬치

수율: 4 인분

재료

- 점보 새우 1½ 파운드
- 마늘 오일 ½ 컵
- 토마토 페이스트 1 큰술
- 레드 와인 식초 2 큰술
- 다진 신선한 바질 2 큰술
- 소금
- 갓 간 후추

껍질과 devein 새우. 나머지 재료를 함께 섞는다

새우와 섞어 30 분에서 1 시간 동안 냉장 보관하며 가끔 섞는다.

새우를 꺼내 양념장을 다시 배분합니다.

새우 꼬치는 큰 끝이 작은 끝과 거의 닿도록 거의 반으로 구부린 다음 꼬챙이를 꼬리 바로 위에 삽입하여 몸통을 두 번 통과시킵니다.

석탄에서 4-6 인치를 6-8 분 동안 또는 완전히 익을 때까지 굽습니다.

71. 바질새우

재료

- 올리브유 2 1/2 큰술 다진 마늘 3 쪽
- 버터 1/4 컵, 취향에 따라 녹인 소금
- 레몬 1 1/2 개, 즙을 낸 백후추 1 꼬집
- 굵은 알갱이 3 큰술 준비된 머스타드 껍질을 벗기고 내장을 제거한 신선한 새우 3 파운드
- 다진 신선한 바질 4 온스

얕고 구멍이 없는 접시에 올리브 오일과 녹인 버터를 섞습니다. 그런 다음 레몬 주스, 겨자, 바질, 마늘을 넣고 저어 소금과 흰 후추로 간을 합니다. 새우를 넣고 섞어 코팅합니다. 뚜껑을 덮고 냉장고나 쿨러에 1 시간 동안 둡니다. Blackstone 그릴을 센 불로 가열합니다. 양념장에서 새우를 꺼내 꼬치에 꽂는다. 기름을 살짝 두르고 그릴에 꼬치를 꽂는다. 한 번 뒤집어 4 분간 익혀 완성합니다.

72. 구운 새우를 베이컨에 싸서

수율: 4 인분

재료
- 20 중간 새우; 청소하다
- 10 스트립 베이컨; 원시, 하 절단
- 3 빨간색 또는 노란색 달콤한 고추;
- 엑스트라 버진 올리브 오일 4 큰술
- 발사믹 식초 2 큰술
- 겨자 1 큰술
- 가지 신선한 타임
- 1 헤드 라디키오
- 1 헤드 엔다이브
- 비브 상추 1 개

라디키오, 꽃상추, 상추를 씻어서 말립니다. 한입 크기로 찢어서 따로 보관하세요. 각 새우를 베이컨 ½ 조각으로 단단히 싸십시오.

철판이나 숯불 그릴에서 바삭해질 때까지 3-5 분 동안 한 번 돌립니다. 따뜻하게 유지하기 위해 덮으십시오. 후추를 뿌리고 얇은 줄리엔 스트립으로 자릅니다. 따로. 병에 기름, 식초, 겨자, 백리향을 섞습니다. 덮고 잘 흔든다. 채소와 고추를 접시에 담습니다. 새우를 추가하십시오. 비네그레트와 부드럽게 섞습니다.

얕은 접시에 채소를 먼저 놓고 그 위에 새우 5 마리를 얹습니다.

73. 페스토로 채워진 새우

4 인분

재료 :

- 12 새우 또는 거대한 (10-15 카운트)
- 새우
- 씨를 제거한 할라피뇨 칠리 페퍼 1 개
- 컵 실란트로 페스토
- 다진 샬롯 3 큰술
- 올리브 오일 3 큰술
- 다진 작은 마늘 1 쪽
  - 다진 신선한 실란트로 3 큰술

마찰

- 과카몰리 비네그레트:
- 굵은 소금 티스푼
- 씨를 빼고 껍질을 벗긴 하스 아보카도 2 개
- 간 후추 한 꼬집
- 1 큰 라임 컵 엑스트라 버진 올리브 오일 주스
- 씨를 빼고 잘게 썬 토마토 1 개

약 $425\frac{1}{4}F$ 의 직접 중간 정도 높은 열을 위해 그릴에 불을 붙입니다.

등을 따라 새우를 찢어서 가운데를 벌리십시오.

각 새우의 입구를 약 $\frac{1}{2}$~1 티스푼의 페스토로 채웁니다. 속을 채운 새우에 올리브유를 골고루 바른다.

과카몰리 비네그레트: 적당한 접시에 아보카도를 넣고 포크로 으깨십시오. 나머지 주성분을 저어줍니다. 따로.

그릴 창살을 닦고 기름을 바릅니다. 새우를 한 면당 약 4 분씩 단단하고 그릴 자국이 날 때까지 불 위에서 바로 굽습니다.

접시에 담아 과카몰리 비네그레트를 뿌립니다.

74. 오꼬를결믿 구운 새우

수율: **4** 인분

재료
- 껍질을 벗기고 내장을 제거한 큰 새우 **16** 마리
- ½ 컵 올리브 오일
- 마늘 **3** 쪽
- 신선한 오레가노 **2** 큰술
- 신선한 편평한 잎 파슬리 **2** 큰술
- 레드 페퍼 플레이크 **1** 티스푼
- 소금과 갓 금이 간
- 후추
- 카놀라유 **2** 컵

적당한 접시에 새우와 올리브 오일, 마늘, 오레가노, 파슬리, 레드 페퍼 플레이크, 소금, 후추를 섞습니다. **1** 시간 동안 재워둡니다. 작은 냄비에 카놀라유를 넣고 **350** 도까지 가열한 다음 마늘 조각을 넣고 약간 황금빛 갈색이 될 때까지 볶습니다.

슬롯 형 스푼으로 꺼내 종이 타월에 물기를 제거하십시오. 블랙스톤 그릴을 가열합니다. 소금물에서 새우를 꺼내고 완전히 익을 때까지 양쪽에서 **2-3** 분 동안 굽습니다. 접시에 담고 마늘 칩을 얹습니다.

재료:

- 2 파운드 슬라이스 베이컨
- 생새우 64 마리, 꼬리 제거
- 2 C 전통 쿠바 모조
- $\frac{1}{4}$ C 아도보 크리올로
- 불린 Preferred Wood Pellet 꼬치 32 개

지도:

생새우를 씻어 물기를 뺍니다. 큰 그릇에 새우와 **Adobo Criollo** 향신료를 넣습니다. 각 새우를 베이컨 $\frac{1}{2}$ 조각으로 감싸고 각 꼬치에 두 개의 랩을 꿰고 베이컨과 새우를 꼬챙이로 만지십시오.

펠릿 그릴을 중불, 기름, 그릴에 꼬챙이를 놓습니다.

베이컨이 익을 때까지 **3~5** 분 굽고 뒤집어서 **2~3** 분 더 굽는다.

그릴에서 꺼낸 후 서빙하기 **2~3** 분 전에 종이 타월로 덮인 플래터에 올려놓습니다. 이 유형의 굽기.

76. 보젤식 매운 새우

수율: 1 인분

재료

● 껍질을 벗기고 내장을 제거한 점보 새우 2 파운드
● 다진마늘 1 큰술
● 씨를 제거한 잘게 다진 신선한 붉은 카이엔 칠리 1 큰술
● ½ 컵 엑스트라 버진 올리브 오일(가급적 브라질산 수입)
● 엑스트라 버진 올리브 오일 ½ 컵
● 맛을 내기 위해 붉은 고추 소스

a) 유리 베이킹 접시에 새우를 마늘, 고추, 올리브 오일과 함께 볶습니다. 덮고 최소 24 시간 동안 냉장 보관합니다. 그릴이나 브로일러를 예열하고 새우를 한 면당 2~3 분 동안 요리합니다.
b) 작은 그릇에 올리브 오일 ½ 컵과 붉은 고추 소스를 섞어 맛을 냅니다.
c) 뜨거운 구운 새우를 디핑 소스와 함께 제공하십시오.

77. 잔채 새우 케밥

재료

- 올리브 오일 3 큰술
- 다진 마늘 3 쪽
- 마른 빵가루 1/2 컵
- 해산물 조미료 1/2 작은술
- 익히지 않은 중간 크기의 새우 32 개
- 해산물 칵테일 소스

지도

a) 얕은 그릇에 기름과 마늘을 섞습니다. 확실히 30 분의 상징이 되자. 다른 그릇에 빵가루와 해산물 양념을 섞는다. 새우를 오일 혼합물에 담근 다음 바스라기 혼합물로 코팅합니다.

b) 금속 또는 불린 나무 꼬챙이에 끼웁니다. 덮개를 씌운 케밥을 중불에서 2-3 분 동안 또는 새우가 분홍색으로 변할 때까지 굽습니다. 해산물 소스와 함께 제공하십시오.

78. 새우와 복숭아 케밥

재료

- 포장된 흑설탕 1 큰술
- 파프리카 1 티스푼
- 안초칠리페퍼 1/2~1 티스푼
- 간 커민 1/2 작은술
- 소금 1/4 티스푼
- 갓 간 후추 1/4 작은술
- 카이엔 고추 1/8~1/4 작은술
- 익히지 않은 새우 1 파운드
- 중간 크기의 복숭아 3 개
- 파 8 개
- 올리브유맛 쿠킹스프레이
- 라임 웨지

지도

a) 흑설탕과 조미료를 섞는다. 새우, 복숭아, 파를 큰 그릇에 담습니다. 갈색 설탕 혼합물을 뿌리고 던지십시오. 4 개 또는 8 개의 금속 또는 불린 나무 꼬치에 새우, 복숭아, 파를 번갈아 가며 끼웁니다.

b) 쿠킹 스프레이로 케밥의 양면을 가볍게 뿌립니다. 뚜껑을 덮고 중불로 굽거나 각 면에서 3-4 분 동안 또는 새우가 분홍색으로 변할 때까지 열에서 4 인치 굽습니다. 케밥 위에 라임 쐐기를 짜십시오.

79. 가파촌

재료

- 마늘 2 쪽
- 적양파 1/2 개
- 로마 토마토 5 개
- 셀러리 2 줄기
- 큰 오이 1 개
- 호박 1 개
- 엑스트라 버진 올리브 오일 1/4 컵
- 레드 와인 식초 2 큰술
- 설탕 2 큰술 매운 소스 대시 소금 몇 대시
- 대쉬 후추
- 양질의 토마토 주스 4 컵
- 서빙용 1 파운드 새우, 껍질을 벗기고 내장을 제거한 아보카도 슬라이스
- 완숙 계란 2 개, 잘게 다진 신선한 고수 잎, 서빙용 크러스트 브레드, 서빙용

지도

a) 마늘은 다지고 양파는 조각으로 자르고 토마토, 셀러리, 오이, 호박은
    깍둑썰기합니다. 모든 마늘, 모든 양파, 나머지 깍둑 썰기 한 야채의 절반, 기름을
    푸드 프로세서의 그릇에 넣거나 원한다면 믹서기에 넣습니다.

b) 식초를 넣고 설탕, 매운 소스, 소금, 후추를 넣습니다. 마지막으로 토마토 주스
    2 컵을 붓고 잘 섞습니다. 기본적으로 아름다운 야채 색종이 조각이 있는 토마토
    베이스를 갖게 됩니다.

c) 섞은 혼합물을 큰 그릇에 붓고 깍둑썰기한 야채의 나머지 절반을 넣습니다. 함께
    저어주세요. 그런 다음 나머지 2 컵의 토마토 주스를 저어줍니다. 맛을보고 양념이

맞는지 확인하십시오. 필요에 따라 조정하십시오. 가능하면 한 시간 동안 냉장 보관하십시오.

d) 불투명해질 때까지 새우를 굽거나 볶습니다. 따로, 수프를 그릇에 담고 구운 새우를 넣고 아보카도 슬라이스, 계란, 고수 잎으로 장식합니다. 옆에 딱딱한 빵과 함께 제공하십시오.

80. 조림 새우

재료

- 물 $6\frac{3}{4}$ 컵
- 코셔 소금 2 큰술과 2 작은술
- 큰 새우 1 파운드
- 얇은 레몬 슬라이스 10-12 개
- 아주 얇게 썬 붉은 양파 $\frac{3}{4}$ 컵
- 아주 얇게 썬 셀러리 $\frac{3}{4}$ 컵
- 검은 후추 열매 2 작은술
- 정향 4 개
- 말린 월계수 잎 4 장
- 다진 신선한 타라곤 가지 1 개
- 사과식초 $\frac{3}{4}$ 컵
- 큰 마늘 1 쪽
- 서빙용 엑스트라 버진 올리브 오일

a) 중간 냄비에 물 6 컵과 소금 2 큰술을 넣고 센 불에서 끓입니다. 빠르게 끓인 다음 새우를 물에 떨어뜨리고 완전히 말릴 때까지 약 2 분 동안 자주 저어가며 요리합니다. 새우는 물기를 뺀 후 흐르는 찬물에 헹구어 익혀주세요. 배수하고 식히십시오. 소금물을 만드는 데 다시 사용할 것이므로 냄비에 매달리십시오.

b) 중간 그릇에 새우, 레몬, 양파, 셀러리, 통후추, 정향, 월계수 잎, 타라곤을 넣습니다. 혼합물을 쿼트 통조림 용기에 단단히 포장합니다.

c) 나머지 2 티스푼의 소금을 남은 3/4 컵의 물, 식초, 마늘, 설탕과 중간 크기의 냄비에 섞습니다. 끓을 때까지 센 불로 가열하고 설탕과 소금이 잘 녹도록 저어줍니다. 소금물을 부어

81. 훈제 새우로 채워진 틸라피아

5 인분

재료

신선한 양식 틸라피아 필레 142g(5 온스)

엑스트라 버진 올리브 오일 2 큰술

훈제 파프리카 1 과 $\frac{1}{2}$ 티스푼

올드 베이 시즈닝 1 과 $\frac{1}{2}$ 티스푼

새우 소

- 익혀 내장을 제거한 새우 454g(1 파운드)
- 소금에 절인 버터 1 큰술
- 다진 붉은 양파 1 컵
- 이탈리안 빵가루 1 컵
- 마요네즈 1 컵
- 큰 달걀 1 개
- 다진 신선한 파슬리 2 작은술
- 소금과 후추 1 과 $\frac{1}{2}$ 티스푼

a) 푸드프로세서를 가지고 새우를 넣고 다져주세요

b) 프라이팬을 중불에 올려 버터를 넣고 녹입니다. 양파를 **3** 분간 볶는다

c) 속 재료 아래에 나열된 나머지 재료와 함께 다진 새우와 식힌 양파 볶음을 넣고 그릇에 옮깁니다.

d) 혼합물을 덮고 **60** 분 동안 냉장 보관합니다. 올리브 오일로 필레의 양면을 문지릅니다.

e) 숟가락 $^1/_3$ 필레에 채우는 컵. 필렛의 아래쪽 절반에 소를 펴고 틸라피아를 반으로 접습니다.

f) 이쑤시개 **2** 개로 고정합니다. 각 필레에 훈제 파프리카와 올드 베이 시즈닝을 뿌립니다.

g) 흡연자를 화씨 **400** 도로 예열하세요

h) 선호하는 목재 펠렛을 추가하고 필렛을 들러붙지 않는 그릴 트레이로 옮깁니다.

i) 내부 온도가 화씨 **145** 도에 도달할 때까지 **30-45** 분 동안 흡연자와 흡연자에게 옮기십시오. **5** 분 동안 생선을 쉬게 놔두고 즐기세요

82. 케쥰 양념 훈제 새우

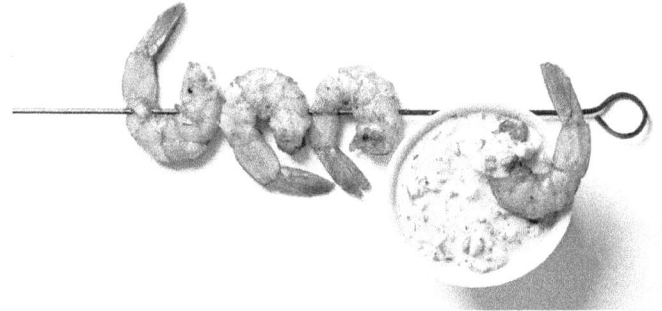

4 인분

재료

- 올리브 오일 4 큰술
- 케이준 시즈닝 1 큰술
- 다진 마늘 2 쪽
- 레몬즙 1 큰술
- 소금, 맛
- 껍질을 벗기고 내장을 제거한 새우 907g(2lb)

밀봉 가능한 비닐 봉지에 모든 재료를 넣습니다. 골고루 코팅되도록 버무려주세요. 냉장고에서 4 시간 동안 마리네이드한다. 구덩이 보스 그릴을 높게 설정하십시오. 뚜껑을 닫은 상태에서 15 분간 예열해주세요. 새우를 꼬치에 끼웁니다. 한 면당 4 분씩 굽습니다. 레몬 웨지로 장식합니다.

83. 칼바사 훈제 쏘지 새유 믹스

12 인분

재료

- 3lb.(1.4kg) 새우(대형), 꼬리가 갈라져 있음.
- 킬바사 훈제 소시지 907g(2lb)
- 옥수수 6 개를 3 등분한다.
- 907g(2lb) 감자, 빨간색
- 올드 베이

뚜껑을 닫은 상태에서 그릴을 275°F(135°C)로 예열합니다.

먼저 그릴에 소시지를 굽습니다. 1 시간 동안 조리합니다.

온도를 높게 올리십시오. 올드 베이로 옥수수와 감자에 간을 하세요. 이제 부드러워질 때까지 굽습니다.

올드 베이로 새우에 간을 하고 그릴에서 20 분간 익힙니다.

그릇에 조리된 재료를 섞습니다. 던져 올림.

올드베이로 간을 맞춰서 드세요. 즐기다!

84. 바질 훈제 새우와 가리비 케밥

수율: 4 인분

재료

- ½ 컵 사과나무 칩
- ½ 파운드 큰 새우
- 바다 가리비 ½ 파운드
- 다진 신선한 바질 1 컵

a) 사과나무 칩을 1 시간 동안 물에 담급니다.

b) 6 인치 대나무 꼬치 4 개를 물에 15 분 동안 담급니다. 각 꼬치에 새우와 가리비를 번갈아 가며 끼웁니다.

c) 두 배 두께의 알루미늄 호일로 웍이나 일자형 프라이팬에 줄을 긋습니다. 사과나무 칩을 배수하고 바닥에 있는 바질과 합치십시오. 꼬챙이를 들어 올리면서 덮개가 들어갈 수 있도록 낮은 랙을 삽입합니다.

d) 랙에 꼬챙이를 놓고 팬을 덮습니다. 냄비를 사용하는 경우 덮개 주위에 젖은 수건 2 개를 두릅니다. 프라이팬의 경우 젖은 수건으로 덮개를 덮고 단단히 고정합니다.

e) 중불에서 15 분 동안 케밥을 훈제합니다. 열에서 팬을 제거하고 뚜껑을 열기 전에 5 분 동안 따로 둡니다. 즉시 봉사하십시오.

구운 랍스터

85. 달콤한 구운 랍스터 꼬리

재료:

- 랍스터 꼬리 **12** 마리
- $\frac{1}{2}$ *C* 올리브 오일
- $\frac{1}{4}$*C* 신선한 레몬 주스
- 버터 $\frac{1}{2}$*C*
- **1** 큰술 다진 마늘
- 설탕 **1** 티스푼
- 소금 1/2 티스푼
- 후추 $\frac{1}{2}$ 작은술

지도:

a) 레몬즙, 버터, 마늘, 소금, 후추를 중약불에서 섞고 잘 섞일 때까지 섞은 후 따뜻하게 유지합니다.

b) 펠릿 그릴의 한쪽 끝에 "냉각 구역"을 만듭니다. 꼬리의 고기 부분에 올리브 오일을 바르고 그릴에 놓고 랍스터 꼬리의 크기에 따라 **5-7** 분 동안 요리합니다.

c) 뒤집은 후 고기에 마늘 버터를 **2~3** 번 발라줍니다.

d) 껍질은 완성되었을 때 밝은 빨간색이어야 합니다. 그릴에서 꼬리를 제거하고 큰 주방 가위를 사용하여 껍질의 윗부분을 잘라서 엽니다.

e) 디핑을 위해 따뜻한 마늘 버터와 함께 제공하십시오.

86. 레몬 버터 랍스터 꼬리

재료:

- 4(8 온스) 랍스터 꼬리, 신선(냉동 아님)
- 무염 버터 1 컵(스틱 2 개)을 녹여서 나누어 놓습니다.
- 레몬 2 개의 주스
- 다진마늘 1 티스푼
- 말린 타임 1 티스푼
- 말린 로즈마리 1 티스푼
- 소금 1 티스푼
- 갓 간 후추 1 티스푼
- 올리브 오일, 화격자 기름칠
- 다진 신선한 파슬리 $\frac{1}{4}$ 컵

지도:

a) 작은 그릇에 버터, 레몬 주스, 마늘, 타임, 로즈마리, 소금, 후추를 함께 휘젓습니다. 각 랍스터 꼬리에 레몬 버터 1 테이블스푼을 바르십시오.

b) 훈제 선반에 꼬리를 쪼개진 면이 위로 향하게 놓습니다.

c) 꼬리를 45 분에서 1 시간 동안 훈제하고 요리하는 동안 각각 레몬 버터 1 테이블스푼을 뿌립니다.

d) 랍스터 꼬리를 제거하고 파슬리를 뿌린 다음 남은 레몬 버터와 함께 찍어 먹습니다.

87. 블랙 라치 차 훈제 랍스터

수율: 4 인분

재료

- 메인 랍스터 2 마리
- 흰쌀밥 2 컵
- 흑설탕 2 컵
- 블랙 리치 차 2 컵
- 2 잘 익은 망고
- 히카마 봉 $\frac{1}{2}$ 컵
- 민트 쉬포네이드 $\frac{1}{2}$ 컵
- 바질 쉬포네이드 $\frac{1}{2}$ 컵
- 데친 녹두 실 1 컵
- 게 생선 소스
- 라이스 페이퍼 8 장

a) 매우 뜨거울 때까지 깊은 호텔 팬을 예열하십시오. 깊은 팬에 쌀, 설탕, 차를 넣고 바로 위에 있는 얕은 유공 팬에 랍스터를 넣습니다. 알루미늄 호일로 빠르게 밀봉합니다. 흡연자가 연기를 내기 시작하면 랍스터를 약한 불에서 10 분 동안 또는 완전히 익을 때까지 훈제합니다. 랍스터를 식힌 다음 꼬리를 길게 자릅니다.

b) 히카마, 민트, 바질, 콩나물을 넣고 생선 소스와 함께 버무립니다.

c) 라이스페이퍼를 미지근한 물에 적셔 혼합물의 일부를 부드럽게 한 페이퍼 위에 놓습니다. 훈제 랍스터 스트립과 망고 조각을 인레이합니다. 말아서 10 분간 그대로 둡니다. 비닐 랩으로 롤을 개별적으로 단단히 포장하여 수분을 유지하십시오.

88. 바질 오일을 곁들인 구운 랍스터

수율: 8 인분

재료

- 신선한 바질 잎 1 컵
- 1½ 컵 올리브 오일
- 8 살아있는 가재

a) 중간 크기의 냄비에 물을 끓입니다. 바질을 넣고 20 초간 데칩니다. 물을 빼다. 잎을 프로세서에 옮기고 잘 섞습니다. 기계가 계속 작동하는 동안 공급 튜브를 통해 오일 1 컵을 추가하고 부드러워질 때까지 혼합합니다.

b) 소금과 후추로 맛을 내십시오.

c) 장작불이나 숯불을 준비하고 불씨가 될 때까지 태우십시오.

d) 랍스터의 경우 랍스터 머리 바로 뒤에 큰 요리사용 칼 끝을 삽입합니다. 머리에서 꼬리까지 밑면을 자릅니다. 후면 쉘을 완전히 자르지 않도록 하십시오. 반쪽을 벌리십시오.

e) 손가락이나 껍질 벗기는 길을 사용하여 랍스터의 길이를 따라 흐르는 내장과 같은 정맥을 제거하고 버립니다.

f) 먼저 발톱을 비틀고 꼬리를 비틀십시오. 꼬리에서 부드러운 내부 껍질을 제거하십시오. 랍스터에 올리브 오일 ½ 컵을 바르고 소금과 후추로 간을 합니다.

g) 20 분 동안 자른 면을 위로 굽습니다. 랍스터 위에 바질을 바르십시오. 남은 바질 오일을 따로 전달하여 제공합니다.

89. 오렌지 처트니 비니거 소스를 곁들인 구운 랍스터

수율: 1 인분

재료

- 여덟: (1 1/2 파운드) 살아있는 가재
- $\frac{3}{4}$ 티스푼 잘게 간 신선한 오렌지 제스트
- 신선한 오렌지 주스 1 컵
- $\frac{1}{4}$ 컵 화이트 와인 식초
- 아도보에 담긴 통조림 치폴레 칠리 $1\frac{1}{2}$ 큰술, 또는 맛보기
- 소금 $2\frac{1}{2}$ 작은술
- 단단하게 포장된 흑설탕 1 티스푼
- 1 컵 올리브 오일
- 다진 신선한 바질 잎 2 큰술
- 바질 가지

a) 큰 주전자(최소 8 쿼트 용량)에 3/4 의 물을 채워 가재를 끓입니다.
b) 블렌더에 제스트, 오렌지 주스, 식초, 아도보의 치폴레, 소금, 설탕을 넣고 치폴레가 잘게 다질 때까지 섞습니다. 모터가 작동하면서 오일을 천천히 추가하십시오. **Vinaigrette** 는 3 일 전에 이 시점까지 준비하고 차갑게 덮고 덮을 수 있습니다. 서빙하기 전에 비네그레트를 실온에 두십시오.
c) 끓는 물에 랍스터를 한 번에 2 개씩 부분적으로 익힌 다음 센 불에서 3 분 동안 집게로 소쿠리에 옮겨 물기를 빼고 식힙니다. (각 랍스터 배치를 추가하기 전에 물이 완전히 끓는 지 확인하십시오.) 랍스터가 취급하기에 충분히 식으면 꼬리와 집게발을 제거하고 몸통을 버립니다.
d) 그릴을 준비합니다.
e) 필요한 경우 집게발을 빛나는 석탄 위에 5~6 인치로 설정한 랙에 굽고 가끔씩 돌려 열린 끝에 액체 거품이 생길 때까지 5~7 분 동안 플래터로 옮깁니다.

f) 바질 잎을 비네그레트에 저어주고 작은 투수에 $1\frac{1}{4}$ 컵을 남겨둡니다. 약간의 비네그레트로 랍스터 꼬리에 고기를 바르십시오. 필요한 경우 고기가 아래로 향하도록 꼬리를 굽습니다. 필요한 경우 3 분간 굽습니다. 꼬리 고기 쪽을 위로 향하게 하고 비네그레트 소스를 더 바르고 주스에서 거품이 일고 고기가 통통하고 불투명해질 때까지 3~5 분 동안 굽습니다. 꼬리를 플래터로 옮깁니다.

g) 랍스터는 2 시간 전에 구워서 식힌 후 뚜껑을 덮지 않고 식히기 전에 덮을 수 있습니다.

h) 따뜻하거나 차갑게 랍스터를 예약된 비네그레트와 함께 서빙하고 바질 잔가지로 장식합니다.

90. 마마아는통결민준가시람터

수율: **4** 인분

재료

- **8** 온스 가시 가재 **2** 마리: (바위새우)
- 땅콩 기름 **2** 큰술
- **8** 온스 콩 실 국수: (셀로판 국수)
- 참기름 **1** 작은술
- 파 $\frac{1}{2}$ 컵: 앵글 컷
- 간장 **5** 큰술
- 설탕 **1**$\frac{1}{2}$ 큰술
- $\frac{1}{2}$ 티스푼 신선한 생강 뿌리: 강판
- 마늘 **1** 티스푼
- 식물성 기름 **1** 티스푼
- 빨간 피망 **2** 큰술, 잘게 썬
- 녹색 피망 **2** 큰술, 잘게 썬
- 노란 피망 **2** 큰술, 잘게 썬
- 참깨 **1** 티스푼: 검은색
- 참깨 **1** 티스푼: 구운
- 마카다미아 너트 **2** 큰술, 구운 것, 으깬 것
- 후리카케 **2** 티스푼: 장식, 옵션
- 신선한 실란트로 가지 **4** 개: 장식, 옵션

a) 그릴을 준비합니다. 랍스터에 땅콩 기름을 바르고 약 **5** 분 동안 또는 익을 때까지 굽습니다. 고기를 제거하십시오. 주사위를 굴려 따로 보관하십시오.

b) 냄비에 물을 끓이고 콩나물 국수를 약 **5** 분간 또는 부드러워질 때까지 익힙니다. 찬물에 헹구고 물기를 빼고 보관하십시오.

c) 소스 소테 팬에 참기름을 두르고 파를 센 불에서 **10-15** 초간 볶습니다. 재빨리 간장, 설탕, 생강, 마늘을 넣습니다. 함께 저어주고 즉시 열에서 제거하십시오. 따로.

d) 소테 팬에 식물성 기름을 두르고 피망을 센 불에서 **15** 초 동안 또는 부드러워질 때까지 볶습니다. 따로.

e) **PRESENTATION** 삶은 콩나물면을 소스에 살짝 데친다. 소스가 면에 완전히 흡수되면 깍둑썰기한 랍스터를 넣고 불에서 내립니다. 서빙 접시에 옮기고 피망, 참깨, 맥 너트로 장식합니다. 원하는 경우 고수 가지를 곁들인 각 접시 가장자리에 후리카케를 뿌립니다.

그릴드 굴

91. 간단한 굴찜

재료:

- 씻은 굴 4 다스
- 레몬 웨지
- 버터 1C
- 1 Tsp 양념 소금
- 레몬 후추 1 티스푼

지도:

a) 펠릿 그릴을 350F 로 예열합니다.

b) 버터에 소금, 레몬페퍼를 넣고 잘 섞어 녹인다. 10 분간 끓인다.

c) 껍질을 벗긴 굴을 펠렛 그릴에 놓습니다.

d) 껍질이 터지면(3-5 분) 굴 칼을 사용하여 껍질에서 굴을 분리하고 뜨거운 굴주를 담은 컵에 다시 담습니다. 뚜껑을 버립니다.

e) 노련한 버터 한 티스푼을 넣고 서빙하십시오.

92. 마늘야채굴

재료:

- 1 파운드, 달콤한 크림 버터
- 1 큰술 다진 마늘
- 신선한 굴 2 다스
- ½ C. 강판에 간 **Asiago** 치즈
- 데워먹는 프랑스 빵
- 다진 골파 ¼ 컵

지도:

a) 펠렛 그릴을 시작하고 중불로 가열합니다.

b) 중불에서 버터를 녹입니다. 불을 약하게 줄이고 마늘을 볶습니다.

c) 1 분간 조리하고 불에서 내립니다.

d) 펠릿 그릴에 굴을 컵 아래로 놓습니다. 껍질이 열리면 그릴에서 꺼냅니다.

e) 굴을 껍질을 벗기고 가능한 한 많은 굴액을 그대로 두십시오.

f) 결합 근육을 자르고 각 굴을 껍질로 되돌립니다.

g) 각 굴에 2 티스푼의 버터 혼합물을 뿌리고 1 티스푼의 치즈를 뿌립니다. 센 불에서 3 분간 또는 치즈가 갈색이 될 때까지 굽습니다. 향신료를 뿌린다.

h) 펠렛 그릴에서 꺼내 즉시 빵과 남은 버터를 곁들여 서빙합니다.

93. 와사비굴

재료:

- 작은 태평양 굴 12 개, 껍질이 벗겨진 생굴 2 Tbsp. 화이트 와인 식초
- 화이트 와인 8 온스 다진 샬롯 1/4C
- 2 큰술 와사비 머스타드 1 큰술. 간장
- 무염 버터 1C, 다진 실란트로 잎 1C
- 맛볼 소금과 후추

지도:

a) 냄비에 중불로 놓고 화이트 와인 식초, 와인, 샬롯을 섞습니다. 액체가 약간 줄어들 때까지 끓입니다. 와사비 겨자와 간장을 넣고 저어줍니다.

b) 약한 불에서 점차적으로 버터를 휘젓습니다. 혼합물을 끓이지 마십시오. 실란트로를 저어 열에서 제거하십시오.

c) 껍질이 막 열릴 때까지 굴을 익힙니다. 펠렛 그릴에서 굴을 꺼내고 껍질 윗부분의 결합근을 잘라내고,

d) 각 굴(껍질 안)을 굵은 소금에 눌러 수직으로 유지한 다음 각각에 와사비 버터 소스 1-2 티스푼을 숟가락으로 떠서 즉시 제공합니다.

94. 염혜체굴

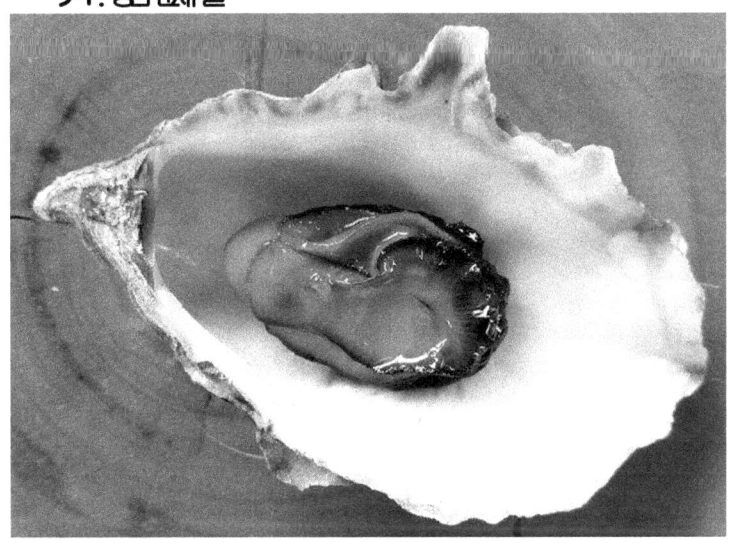

재료:

- 간장 $\frac{1}{2}$ 컵
- 우스터셔 소스 2 큰술
- 단단하게 포장된 흑설탕 1 컵
- 말린 월계수 잎 2 장
- 다진 마늘 2 쪽
- 소금 2 티스푼과 후추
- 핫소스 1 큰술
- 양파 가루 1 큰술
- 껍질을 벗긴 생굴 20 개
- $\frac{1}{4}$ 컵 올리브 오일
- 무염 버터 $\frac{1}{2}$ 컵(1 스틱)
- 마늘 가루 1 티스푼

지도:

a) 큰 용기에 물, 간장, 우스터 소스, 소금, 설탕, 월계수 잎, 마늘, 후추, 매운 소스, 양파 가루를 섞습니다.

b) 생굴을 소금물에 담그고 밤새 냉장 보관합니다.

c) 달라붙지 않는 그릴 매트에 굴을 놓고 올리브 오일을 뿌린 다음 매트를 훈연기에 넣습니다.

d) 굴이 단단해질 때까지 1 시간 30 분에서 2 시간 동안 훈제합니다. 버터와 마늘 가루와 함께 제공하십시오.

95. 굴과 면ょ칼

수율: 1 인분

재료

- 굴 2 다스
- 2 다스 면도칼 조개
- 신선한 할라피뇨 고추 2 큰술
- ½ 컵 레드 와인 식초
- 설탕 2 큰술
- 소금 1 티스푼
- 적양파 2 큰술, 잘게 다진
- 6 민트 잎, 쉬폰에이드

지도

a) 그릴이나 바베큐를 예열하십시오.

b) 굴과 대합은 문질러 깨끗이 씻어 물기를 뺀다.

c) 작은 믹싱 볼에 다진 고추, 식초, 설탕, 소금, 양파, 민트를 넣고 함께 젓습니다. 조개를 그릴에 놓고 껍질이 열릴 때까지 요리하십시오. 제거하고 암염으로 덮인 플래터에 놓습니다. 중앙에 디핑 소스를 놓고 칵테일 포크와 함께 제공합니다.

96. 간단한 굴찜

재료:

- 씻은 굴 4 다스
- 레몬 웨지
- 버터 1C
- 1 Tsp 양념 소금
- 레몬 후추 1 티스푼

지도:

a) 펠릿 그릴을 350F 로 예열합니다.

b) 버터에 소금, 레몬페퍼를 넣고 잘 섞어 녹인다. 10 분간 끓인다.

c) 껍질을 벗긴 굴을 펠렛 그릴에 놓습니다.

d) 껍질이 터지면(3-5 분) 굴 칼을 사용하여 껍질에서 굴을 분리하고 뜨거운 굴주를 담은 컵에 다시 담습니다. 뚜껑을 버립니다.

e) 노련한 버터 한 티스푼을 넣고 서빙하십시오.

정어리 구이

수율: 4 인분

재료

- 올리브 오일 4 큰술
- 다진 양파 1 컵
- 월계수 잎 2 장
- 1 소금; 맛을보기 위해
- 갓 간 후추 1 개; 맛을보기 위해
- $\frac{1}{2}$ 파운드 초리소 소시지; 1/4 두께로 썬다
- 통마늘 12 쪽; 껍질을 벗기고 데친
- 껍질을 벗긴 1 컵; 씨를 제거하고 다진 신선한 톰
- 새 감자 $\frac{1}{2}$ 파운드; 4 등분
- 다진 신선한 백리향 잎 2 작은술
- 다진 신선한 바질 2 작은술
- 다진 신선한 파슬리 잎 2 작은술
- 1 쿼트 치킨 스톡
- 신선한 정어리 16 마리
- 나무 꼬치 16 개; 물에 담근

a) 큰 냄비에 중불로 가열하고 기름 2 큰술을 가열합니다. 기름이 뜨거워지면 양파를 넣습니다. 손을 사용하여 양파 위에 월계수 잎을 으깨십시오. 소금과 후추로 간을 맞춘다.

b) 8 분 동안 볶습니다. 소시지를 넣고 2 분간 계속 끓입니다. 마늘 정향과 토마토를 추가하십시오. 소금과 후추로 간을 맞춘다. 2 분간 볶습니다. 감자와 허브를 저어주세요.

c) 치킨 스톡을 넣고 액체를 끓입니다. 남은 올리브 오일로 정어리를 버무립니다. 소금과 후추로 간을 맞춘다. 각 나무 꼬치에 4 개의 정어리를 꼬치로 꽂습니다. 그릴에 꼬치를 놓고 각 면을 2 분씩 굽습니다.

d) 그릴에서 제거하십시오. 서빙하려면 각 얕은 그릇의 중앙에 스튜를 국자로 떠서 담습니다. 스튜 위에 정어리 꼬치 하나를 올려 냅니다.

98. 속을채운정어리

재료

- 큰 14 마리(또는 작은 정어리 20 마리)
- 신선한 월계수 잎 14-20 개
- 세로로 반으로 자른 후 얇게 썬 오렌지 1 개
- 먹거리를 위해
- 건포도 50g(2oz)
- 엑스트라 버진 올리브 오일 4 큰술
- 잘게 썬 양파 1 개
- 잘게 썬 마늘 4 쪽
- 으깬 말린 고추 한 꼬집
- 신선한 흰 빵가루 75g(3oz)
- 갓 다진 납작한 잎 파슬리 2 큰술
- 물기를 제거한 올리브 오일에 담근 멸치 필레 15g($\frac{1}{2}$oz)
- 다진 작은 케이퍼 2 큰술
- $\frac{1}{2}$ 작은 오렌지 껍질과 오렌지 주스
- 잘게 간 페코리노 또는 파마산 치즈 25g(1oz)
- 가볍게 구운 잣 50g(2oz)

a) 속을 채울 때는 건포도를 뜨거운 물에 담가 동동하게 부풀도록 10 분 동안 둡니다. 프라이팬에 기름을 두르고 양파, 마늘, 다진 말린 고추를 넣고 양파가 부드러워지지만 갈색이 되지 않을 때까지 6~7 분 동안 부드럽게 볶습니다. 팬을 불에서 내리고 빵가루, 파슬리, 멸치, 케이퍼, 오렌지 껍질과 주스, 치즈, 잣을 넣고 저어줍니다. 건포도의 물기를 잘 빼고 섞은 다음 소금과 후추로 간을 맞춥니다.

b) 각 정어리의 머리 끝을 따라 소를 약 1$\frac{1}{2}$큰술 숟가락으로 떠서 꼬리 쪽으로 돌립니다. 기름을 바른 얕은 베이킹 접시에 단단히 포장하십시오.

c) 생선에 소금과 후추로 살짝 간을 하고 기름을 조금 더 두른 다음 20 분 동안 굽습니다.

d) 상온에서 제공하거나 전채 요리의 일부로 차갑게 제공하십시오.

99. 고등어

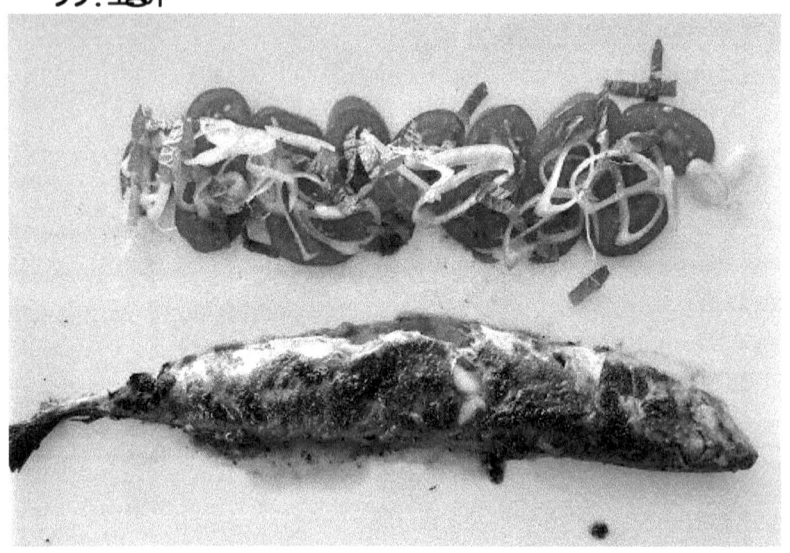

4 인분

- 깨끗이 손질한 고등어 4 마리
- 버터 40g(1½oz)
- 캐스터 설탕 1 티스푼
- 잉글리시 머스타드 가루 1 티스푼
- 카이엔 고추 1 티스푼
- 파프리카 1 티스푼
- 고수 가루 1tsp
- 레드 와인 식초 2 큰술
- 갓 간 후추 1 티스푼
- 소금 2 티스푼
- 민트와 토마토 샐러드
- 얇게 썬 작은 덩굴 숙성 토마토 225g(8oz)
- 반으로 잘라 매우 얇게 썬 작은 양파 1 개
- 갓 다진 민트 1 큰술
- 신선한 레몬 주스 1 큰술

a) 작은 로스팅 깡통에 버터를 녹입니다. 열에서 제거하고 설탕, 겨자, 향신료, 식초, 후추 및 소금을 넣고 잘 섞습니다. 매콤한 버터에 고등어를 넣고 혼합물이 잘 코팅될 때까지 한두 번 뒤집어 각 생선의 구멍에도 조금씩 펴 바릅니다. 기름을 살짝 바른 베이킹 시트나 그릴 팬의 랙으로 옮기고 완전히 익을 때까지 양쪽에서 4 분 동안 굽습니다.

b) 한편, 샐러드의 경우 얇게 썬 토마토, 양파, 민트를 4 개의 서빙 접시에 겹겹이 쌓고 레몬즙과 약간의 양념을 겹겹이 뿌립니다. 익힌 고등어를 옆에 놓고 원하는 경우 튀긴 얇게 썬 감자와 함께 제공하십시오.

100.   절인 멸치 또는 정어리

재료

- 아주 신선한 멸치 3 파운드
- 코셔 소금 ⅔ 컵
- 엑스트라 버진 올리브 오일 2 컵
- 큰 마늘 2 쪽
- 레드 페퍼 플레이크 1 티스푼

a) 며칠 동안 필레를 잘 헹굽니다. 깨끗한 키친타올 위에 한 겹으로 깔아 완전히 말립니다. 표면이 부드러워질 때까지 두드려 말립니다. 생선은 기름 아래에 완전히 잠기고 단단히 덮은 상태로 냉장고에 10 분 동안 보관됩니다.

b) 4 개월 이상 작은 테두리에 소금을 붓는다. 원하는 경우 각 생선 필레를 생선으로 눌러 소금이 완전히 코팅되도록 기름에 담근 후 며칠 동안 조심스럽게 측면을 옮길 수 있습니다. 뚜껑이 있는 4 분의 1 병에 생선 필레를 단단히 포장합니다.

c) 플라스틱 랩으로 덮고 마늘과 후추 조각으로 12 시간 동안 냉장 보관합니다.

결론

여름 요리 파티에서 손님들을 놀라게 하고 싶으신가요? 새우, 가리비, 바닷가재 꼬리부터 좋아하는 생선에 이르기까지 해산물은 약간의 추가 노력으로 굽는 기술을 과시할 수 있는 완벽한 방법입니다. 풍미 가득한 매리네이드로 원하는 해산물을 맛을 내고 뜨겁고 기름칠이 잘 된 그릴에서 빠르게 요리하면 잘못될 수 없습니다.

Milton Keynes UK
Ingram Content Group UK Ltd.
UKHW020714310723
426074UK00018B/1198

9 781835 315927